U0011555

好命整理

從衣、鞋、床、包建構自我價值，
活出每一個當下

廖文君——著

目錄

目錄

目錄

自序

每一個行為都是與自己的內心對話

在漫長的宇宙時間裡，我們在此時相遇。

當你開始閱讀本書的文字，我們就在看不見的意識中產生連結。

許多人以為看得見的物品，才為真實。因為我們被「眼見為憑」所侷限，事實上，這個世界有許多你看不見，但可以被感覺到的訊息。它們飄散在空中，被「認出」的人所擷取，它們也藏在身體的細胞裡，被「覺知」的人所收藏。圍繞在人類身邊的物品們，正是由那些發現訊息的人，把感覺製作成物質。所以，我們以為每天只是在使用物品，其實我們使用的是千萬生靈演化的智慧。

當衣、鞋、床、包這些訊息從空中飄落到面前時，我就發現寫出這些內容的過程，會像是解開謎題一樣。跟隨著宇宙的安排，在生命的碰撞中轉譯資訊，它們是我靈魂的提醒，也可能是你所需要看見的真相。那，為什麼剛好是這四類物品呢？也許是因為，它們來自「真空妙有[1]」裡面最早被凝結的意念，是人類最初也是最終所需。這四類物品帶領著人生整理走向「自我價值」的學習。重點從來不在外在，而是發現那些身體做出來的「動作與反應」，讓內心可以理解更多不同的維度。

本書在撰寫的過程中，遇上了前述的文字訊息被強取豪奪，就像是人與自然的關係一樣，這些爭論，都來自於宇宙的安排，幻化成地球上的劇碼。不論是善良或邪惡，真相亦或謊言，都只會回到自己身上，那些想要掩蓋一切的越界與丟東西，最終只會囤積在自己的未來，成為未完成的「業」……即便如此，我依舊感謝所有的發生，感謝那些在我生命中出現的人，因為有了他們，我才能夠看見不同的面相。**每一個整理，都只屬於當下的自己**。

特別感謝我的老師藍慕沙（Ramtha），與我在日本生態村的家人——木之花家族

（Konohana Family）。在本書寫作過程中，也多次得到哲學家奧修（Osho）、作家艾妮塔·穆札尼（Anita Moorjani）以及醫療靈媒安東尼·威廉（Anthony William）智慧的啟發，其他還有更多的前人智慧，標示在本書各個章節以及附錄當中。

生命中所發生的事，都是為了看見自身的美好。

因為內在的愛，讓外在的人事物共演了「千變萬化的故事」，來讓你看見真實的自己。而自我價值，是宇宙中的銀河。因為你的看見，讓他們開始閃閃發亮。

在進入本書閱讀之前，邀請你與我一同回到「安靜的內在」。讓身邊所有的人事物與聲音退到背景之外，讓心可以回到當下，因為，接下來你要看到的是你的故事、你的人生，還有你的將來。

★建議可先看過《真正的整理，不是丟東西》（方智出版）一書，會讓你更理解文君說的「整理」所代表的意義。即便沒看過，也不影響本書的閱讀。

---

1 「真空妙有」為佛學名詞。

前言

起初，神創造天地

在很久很久以前，那個時候的世界充滿了光，所有的色彩像是有生命般流動在所有的空間。就像是舞蹈，又像是音樂、突然間……但卻又像醞釀許久，色彩慢慢凝聚，開始出現了「形象」，從一個整體變成了一片片的個體。每個單片是獨立的聲音，但與其他的碎片又有著看不見，且分不開的細線黏著在一起，就像是「心有靈犀」。

你好，我是文君。歡迎來到人生整理的第一堂課，你可能曾經認識我，或者這是我們第一次見面，都沒有關係。因為你才是旅程中的主角，而我只是為你介紹的導遊。所以，你沒有看錯，這的確是一本整理書。

謝謝你翻開這本書，這是一趟藉由文字來看見關於你自己的「人生模擬之旅」。我們會藉由這趟旅程來好好的規劃自己所擁有的物品。你可以把它想像成重新塑造一個新的世界，而你就是開天闢地「創世紀」的起源。旅途中，我們可能會遇到許多旅人，他們會分享各自的經驗，以便我們理解這個世界如何進行與運作。

在開始之前，需要事先選擇你的設定。

你，想要怎麼規劃你自己呢？請選擇以下的分類：

□男性　□女性

□中性　□雙性

□無性　□無法被定義

□想要隨時可以改變　□不想要決定

接下來，我們要開始選擇裝備。這個世界裡面的所有都是可以「自由選擇」的，沒有限制也沒有規定，每一個裝備都需要你，用你自己日常現實生活中的東西來做為交換。剛才的規劃分類你選好了嗎？這個選擇將會是引導走向每一個寶藏的提醒。

首先，我們要先看清楚藏寶圖上面到底寫了什麼？

物品細節裡的祕密

在這個世界上的所有物品，從被創造到這個世界開始，經歷過許多歷史的演化，然後成為了我們家中及商店裡所賣的形體，這些垂手可得之物，就是那些既看得見卻又看不清楚的寶藏。人類從遠古至今創造了許多的物品，每一個物質的產生，都在反映出人類根深蒂固的需求。**當我們願意開始思考並仔細觀察，就能夠理解物品裡所藏的指引**，它們記錄與播放著隱藏在日常點滴中的故事。

我們可以藉由物品的整理來看到那些「沒有被看清楚」的緣由，在這個藏寶圖裡面還沒被解鎖的大部分來自於「未得到應有關注」的人事物，它們常常被稱為「雜物」。讓我們想想，這些被稱為「雜」的到底是什麼？

你說：「無法控制的狀況？」

我說：「你覺得為什麼不能夠控制？」

若我們把「雜」加上人、事、物之後，它們各自又成為了什麼意思？

雜＋人：指與「當下無關」的人員

雜＋事：各類事情、瑣碎事務

雜＋物：過多、過大、過小以至於「無法列其明目」的物品

這些雜，都代表著沒有被理解的故事，它們沒有得到應有的關注。是來自於過去的記憶，那些失去關愛的片段。當我們可以運用自身的選擇，那控制將不存在。事實上，雜物本來就不存在。若你是開創這個世界的主角，那「雜」到底藏著什麼祕密？清代段玉裁《說文解字注》指出：雜，代表「五彩相會」。五彩的本意為各種的色彩組合，也泛指陰陽五行學說中的金、木、水、火、土，同時也分別象徵東、南、西、北、中，代表了蘊含一切的力量。所以，雜就是非刻意、混合多種的可能性，也包含了「各式各樣」或「全部」

之意，當我們加上其他的字詞可能就變成：

雜＋貨：各種日常使用的物品

雜＋誌：各式各類的文章及照片內容

雜＋學：沒有特地主軸的學習

「雜」的定義對你來說，是歸類於什麼？如果被歸類了，那還稱為雜嗎？這就意指當你願意開始關注並作出行動，每一個碎片就會走向它應該前往的道路。

每一個家中的雜物，都是還沒被看見的寶藏。它們不是關卡，而是獎賞。

那些混亂的背後都是來自於光的指引。

你作出的定義會讓它們成為無法掌控的力量，或是擁有一切的豐盛。

重新建構自我價值

萬物的起源都是來自於支持人類，我們會認為有「雜物」需要清理，是因為不明白天地萬物的力量，也代表著對「自己」的不理解。當我們無法定義自己，就容易被外在的事物來「反向的定位（規定）」自己。只有成為你自己之時，所有外在的物品才會走向它們相對應的位置。反之，就被這個世界貼上了標籤。

讓我們一起想想，我們的人生到底有多少是可以自己選擇的？

從出生到這個地球以來，使用的第一件物品不是自己選擇的，第一口吃的食物也不是自己選擇的，甚至連是非對錯也不是來自於自己。這些非主動性的選擇，在潛移默化之間成為根深蒂固的「自我價值」。即便你想要開創自己的生活，這個創造也可能是來自前人架構的定義。在這個龐大的世界中，似乎每一個人都被安排成為轉動這個世界的螺絲釘。你的規劃、你的喜好、你的人生真的都是你自己想要的嗎？還是被「暗示」成為的？

只有當你願意開始思考，我們才能夠重新的解構人生。因為事情，永遠不會只是眼睛單純看得到的樣子。

我們對於這個世界的理解方式來自於「生命中相遇」：父母（家族中的長輩）、老師（學習對象）、愛慕對象（受吸引的人）、同儕（相似年齡的手足、同學、朋友）、生長環境（國家文化背景）這五大類。他們的行為模式深深影響了我們自身的思考方式，而他們自己也被這五大類影響至今。我們對自己的理解，其實比想像中少，有時候自以為的「自己」只是重複著前人的影子。

你所擁有的「個性」，真的是你自己的個體性嗎？

接下來，我們在人生模擬之旅中會有四種不同的任務，每一種有相對應的主題等著我們一起解鎖；而打開這四個任務的鑰匙，其實是關於「價值」這件事。

讓我們一起想想，什麼叫做「價值」？

現代社會給出的定義為——泛指「標的物」的價格或所含意義及作用的衡量方式，也可能為勞動、交換的經濟模式，而人類的行為裡面，價值可能變成「定位」的一種基準方法。所以，價值是某種前人主觀意識所定義出來的「概念」，當你認同相同的想法，你就會認為有價值，反之亦然。那「自我價值」又是什麼？一般來說，是在每個人成長過程中所建立起來的認知，例如：自尊、自愛、自信，從自我產生的相關情感。事實上，這些認知並不是只由「自己」所給出的衡量，很可能是被父母、社會影響而成的「標準答案」。

你說：「我怎麼覺得，這好像也是種無法控制的狀況？」

我說：「你覺得為什麼不能夠控制？」

你說：「如果我的認知不來自於我自己，那我到底是誰？」

我說：「你的問題，就是通往你自己答案的指引。」

找到自己是誰，需要理解生命的真相。

從阿爾法（Alpha）到奧米伽（Omega）[1]，真正的價值一直都是因為「你」而存在，從你延伸出的所有，才有了意義。你所看到的一花、一草、一木，使用的衣服、書本、手機都是因為你才有了價值，**這個世界都是為你而存活，你自己才是自我價值的唯一衡量**。所以，這個世界怎麼會有雜物呢？當物品失去了主人，沒有辦法被決定，或無人可以決定的物品，對於「他人」而言才可能是雜物，也可以說，失去了使用者的物品是「遺物」。對我們自己而言，「雜」不應該是形容我們生活周遭屬於自己的物品，我們會誤解這樣的狀況是來自於——人、事、物沒有被使用者（物品主人）所善加使用（得到應有關注），所以才錯認為雜。

仔細想想那些沒有被解鎖的物品，被隱藏的人事物到底是什麼？未得到應有關注的故事，可能是未竟之事、家裡的幽靈訪客，或是達不到他人標準答案的壓力。讓我們一起展開行動，只有你的願意，人生才能夠自由的「選擇」。我們一起好好的，用自己的聲音、誠心的唸出通關密語：

在我的世界裡不存在雜物，它們是我還沒看清楚的寶藏。
在我的世界裡沒有敵人，他們是我還沒有理解的自己。

〈整理之路的完美宣言之五〉[2]

在這趟人生的旅程中，可能會不斷的遇到需要念出通關密語的狀況，我們也可能要集思廣益來一起突破，有時候會花多一點的時間，也有可能會走回頭路。但不用擔心，我一定會與你一起，走向勝利的終點。當我們可以大聲的說出「心中的真實」，再加上實際行動，都代表著我們願意開始接受五彩斑斕的刺激，不再沉浸於固著的標準答案。藉由選擇，讓這些未得到應有注意的人事物，由生命的流動蛻變成智慧的珍珠。

我們用實際生活中過往被錯認的雜物來交換裝備，讓它們回歸到應有的位置。

1 希臘字母中，Alpha（α）為第一個字母、代表事情的開始，Omega（Ω）為最後一個字母、代表事情的終結。《啟示錄22：13》神說：「我是阿爾法、我是奧米伽、我是首先的、我是末後的、我是初、我是終。」

2 在你需要時，隨時都可以重新閱讀及朗誦這些文字，以下章節亦同。〈整理之路的完美宣言之一～四〉在《真正的整理，不是丟東西》一書內。

每一次覺得無法整理，覺得心情雜亂，覺得不想行動之時，都可以試著用通關密語來對自己說、對物品說、對這個世界說。

物品的價值，來自於你給出的定義。

人生的價值，來自於你怎麼看待自己。

chapter **1.**

神，用泥土捏出人

過了一段，沒有時間的時間。這些由光凝聚而成的形象，開始震動，像是被狂風吹動、又像是水上的漣漪。然後，也像是照鏡子一般，這些無秩序的形象開始緊密，彷彿匯聚成水中游的生物，之後變換成攀爬，最終破繭而出成為有著四肢軀幹的人類。而人類從分離之後，以為自己再也不是充滿著光的碎片的一部分，卻又終其一生在尋找自己是誰。

世界上的神話故事說，眾神們用泥土模仿自己的形象捏出了人，然後吹了一口氣，泥人就有了靈氣，也因此活了過來。為什麼神需要創造出另一個他自己？從宇宙大爆炸以來，這些眾多的生命是如何產生？植物從何而來？動物又為什麼有這麼多種類？而我們腳下踩的泥土裡面也有許多肉眼看不見的微生命。所以，生命的真相到底是什麼？從泥土裡面，從大地孕育的生靈們，所活過的生命到底要理解什麼？

讓我們進到設定的頁面，看清楚人生之旅的初始設定。我們規劃的自己，擁有什麼功能，可以做到什麼？周朝《國語．鄭語》內提及：「以土與金、木、水、火雜，以成萬物。」實際生活中的萬物，就是人類在模仿眾神的創造，製作了物質來觀察與生俱來的自己。這些觸手可及的物品，含納了各式各樣的力量。**當你靜下心來，會聽見物品的呢喃，**

它們在提醒著人類，那些無意識的行為，容納了因、包含了果。我們以為我們在找自己，以為使用這些物品可以讓自己更成為自己，事實上，我們從來沒有與一體分離，一直都是在愛之中、在光之裡。

人生整理課第一堂的四個任務，分別是衣、鞋、床、包。它們為人類構築了人生的地基，亦可說是每個人的生命架構。就像神創造了人類，而人類又模仿了自身再創造出「自我的延伸」，以下是這四類物品各自代表的含義：

- 衣：白天的自己
- 鞋：通往夢想的道路
- 床：夜晚的自己
- 包：乘載夢想（夢想的投射）

藉由這四類物品的整理，我們重新建構自我價值。而在整理之前，我們需要先理解，每一個物品正確的使用方式。

第一節　物之起源

人類使用於遮蔽驅幹、四肢的物品，稱為衣物、衣服或衣著。廣義來說包含遮蔽頭部、手部、腳部及延伸出的配件，現今所有的人類都有著裝衣物的行為模式，而每樣物品都有著各自的文化、信仰及社會性意義。我們每天所穿著的衣物，是從何時開始出現？人類為什麼要穿衣[1]？讓我們把時間往回推到遠古時期。在目前科學研究上眾說紛紜，因為使用自然材料所製作出的物品，會被時間分解，在考古上無法得知更清楚的訊息。但從人類現存的古老部落行為來分析，可以約分為以下原因：

一、與自然萬物共存：適應天候（驅寒保暖）、防範保護（蚊蟲野獸）、求生狩獵（模仿動植物外表），來自於「功能、機能性」。

二、人類自身需求：引誘求偶（受注目或美化）、群體區別（標誌性）、敬畏神靈（避邪或模仿萬物），多為「裝飾性」。

人生整理的「火」

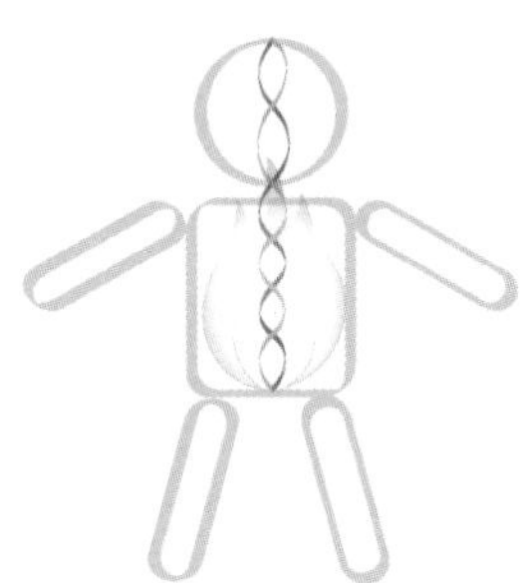

人類的生存與火，及火代表的溫暖有極大的關係。
火是一種向上捲、旋轉的能量，也代表生命力。

三、人類集體演化：與動物的分界（覆蓋生殖器）而產生出的概念，大多為各文明進化後所產生的禮儀及觀念所需之物，通常混合功能與裝飾性需求。

人類與其他動物最大的差異在於「直立行走」與「體毛退化」以及「腦部發展」，因爲物種的進化，讓人類可以解放雙手，直立於地球之上。同時造成身體骨骼的改

1不只是穿衣，也包含穿鞋、拿包。

變，讓腦部產生刺激，失去了大多數的體毛。這樣的變化，讓人類無法像動物般的改變毛髮來覆蓋身體或展現求偶；但因腦部的發展，讓人類得以創造物品來面對自然的改變。從「人」嘗試著往上伸展，開始用手探索世界並用腳行走於大地時，宇宙讓雙手自由的人得以使用「火」。

因為有了火，人類的文明大為躍進。讓體毛退化的人類得以製造溫暖、烹煮獵食，也因此改變了臉部的構造及牙齒的型態，並產生了更多的群聚。也因為火，人類的時間，不再限制於白晝。從此火就成為了看得見的能量，串連起人類的族群，讓這些以為是散落失聯的人類，看到了光。

誰，偷吃了樹上的蘋果？

神對自己創造出來的人類說——在這個樂園裡樹上的果子都可以吃，唯「知善惡樹（Tree of Knowledge）」的果子不可吃，並給人類自由意志去選擇。但人類卻聽從了蛇的誘惑偷食禁果，開始對自己赤裸的身體感到羞恥，便拿起葉子來遮蔽。

當有了「善」與「惡」的概念，一切就從一體分為二元。

離開了神所創造的樂園，從這之後人類重複以往的模式——「拿取」以便生存。遠古時期的人類從身邊的周遭開始，食用動植物的身體，並使用動植物的軀幹。因「體毛退化」，人類使用動物的獸毛來作為保暖，於是，人類與動植物的關係緊密了起來，就像是生命的碎片——彼此看見了對方。在很長的一段日子，人與自然的生靈沒有因為拿取而失去了彼此。

你說：「那為什麼現在的人類與自然這麼的疏遠？」

我說：「因為人類忘了自己是誰？萬物、自然、宇宙、神從來就沒有與我們分離過。」

我們可以從現代社會的狀況看出端倪，許多人擁有物品的原因，早就與物品的本質分離太遠。其實，這些「分離」都是為了理解自己的學習，請幫我放下這本書，花一點時間好好地環顧四周，就只是「看」不帶有任何的「評斷」。然後，我們一起深呼吸、吐氣，放鬆身體。

其實，物品只是幫我們做出自己做不到的事而已，對吧？

人類無法輕易的改變自己的外表，所以使用衣服、飾品、鞋子來呈現自己的「樣貌」，又因不容易聽見宇宙的訊息，於是使用書本、電子產品來傳遞「資訊」。這些人類的無法，其實是「腦部發展」的產物，是實質的物質，卻又是虛幻的夢。

所以，物品到底是什麼？**物品是人類集體意識的結晶，模仿了眾神的創造。**

身體「需要的」變成衣服——**衣類是人身上「氣」的延伸**，替代了獸毛、羽毛的型態與顏色，它們陪伴人類渡過春夏秋冬。人類移動「需要的」產生鞋子，**鞋類是人身上「軌跡」的延伸**，替代了肉墊、足蹄的功用，它們協助人類翻山越嶺。於是，白天的自己著衣穿鞋，每天走向夢想，創造自己的空間。而後，夜晚的自己用床來支持空間，並用包承接起還未完成的夢想。因此，重新充電及放鬆的物品變成了床，**床類是人與大地連結的「時間」**，協助我們重新歸零並淨化。而人演化所需的工具被放入了包，**包類是人類夢想的「縮影」**，讓所有的需求可以垂手可得。

在遠古時期，人類聚集成群，出現了部落。與自然萬物的流動相同，人與人開始產生不同的「差異」，這些差異代表著不同的位置。這些不同，讓人類開始有「階級」並產生出相對應的制度。就如同動植物與自然一樣，適者生存。在嚴苛的環境下，誰比較有能力存活下來，即為群體的王。

動物可以用利爪、毛髮的茂盛來展現自己的地位，而人類就開始使用泥土或植物的色汁來塗抹皮膚表現差異，或用葉子、羽毛、貝殼、石頭、獸骨來裝飾。綜合種種「求生存」的行為模式，這些在身體上所展現的型態成為衣服的最早起源。加上不斷移動的獵食生活，為了讓足部有保護便於適應不同地況，人類找了樹皮、樹枝或野草捆在腳下，就成為鞋子最早的樣貌。為了獵食，人類逐水草而居，便把所需工具攜帶在身上。起初可能還沒有包住的樣貌，但使用的物品慢慢增加後，就開始包裹物品並背於身上，這就是最原始的包包。亦可說人類有固定居所前，乘載物品的包就是最初始「家」的形象，就像現代人類，出門時包包內所攜帶的是家中物品（工具）的縮影。

衣、鞋、包這三類物品成為了人類最早所需的「價值」，因為擁有這些物品，可以有更多的生存空間。從歷史的緣由，我們就可以理解，現今商業社會所產生的物品及人類行為模式的對照。

階級制度與殘影現象

物品所呈現的階級來自制度，在現今社會變為「品牌」的追逐，就像聚落，品牌本身為一種識別標誌、代表著社群認同及理念價值。而有名、受注目的品牌，或價格高昂的被稱為名牌，能夠使用名牌的人，似乎在某種程度上展現了自我生存及價值的能力。就像遠古時期的人類，被聚落接納，也因此可以使用聚落的資源。被稱為名牌的物品各式各樣，來自於世界各地，它們涵蓋了各個年代人類的智慧及美學。使用名牌本身沒有問題，但追逐就需要探討，如同遊戲的關卡，你認為什麼樣的人可以拿到更多的裝備？

你說：「努力找尋或是打鬥贏來？靠著自己的力量？」

我說：「是的，就像所有階級制度一樣，來自物競天擇。」

人類使用的物品沒有區別，是人類的行為模式造就了不同的物品差異，每一個物品只是對應著人類所需的狀況而成。一個一百元的包包（無牌）跟一個一萬元的包包（名牌），使用的本質上相同，需求層面不同。但價值不同的包包，並沒有分別，而是它們各自的「定位」不同而已。就像階級制度，本身沒有問題，是自然演化而成。問題出在人類的錯誤認知，**真正的階級是「自然發生」而不來自於追逐，每一個位置（定位）都有其重要性**。

但，現在的社會發生了什麼事？某個非自然狀態的前人產生了越界，想要占有而不是分享，讓階級從自然的流動變成固著的死水。占據不屬於自己的位置狐假虎威，破壞了原有的「平衡」並逃離自己原本的定位。在人生整理課當中，這樣的狀況我稱為「殘影[2]」。就像人類一開始在樂園裡偷食果子一樣，因誘惑而為，也因此羞愧。

在一般社會當中很常發生追逐物品（名牌）的行為有：

2 殘影原義為一種身體現象，指「光」對視網膜所產生的視覺反應。在光停止作用後仍保留一段時間的現象，又稱為視覺暫留（Persistence of vision）。這樣的狀況實際應用在投影物件，例如：走馬燈以及電影的拍攝與放映。

狀況一：經濟條件不允許，但卻購買仿冒品來展現假象，或是偷搶拐騙，為的只是能夠被「階級」所認同。

狀況二：因為想要（物品）而付出了許多代價，像是用時間、金錢、身體去交換，希望藉此走上自己追求的「階級」。

此處所指稱的物品不只是有形體的物質，也包含沒有形體的「智慧財產」或「能量」。

你說：「我聽過——男性搜集潮牌球鞋，而女性搜集名牌包。」

我說：「因為某些鞋子會讓身體的移動，創造出更高的運動體能、進而被塑造出身分感，就像名牌包有時被用來展現資源、財力與地位一樣。每一種追逐，都帶有著背後需要被填補的洞。」

因為被「階級」所綑綁，名牌的物品，也可能被拿來當作炫耀的武器。這是來自於生命底層的恐懼，期待著被看見。殘影代表著視覺失衡，看不見光，所以無法完整的理解自己。當我們把追逐更具體化來說，可能也代表著——追求不屬於自己的人生。你認爲你的夢想真的來自於自己嗎？還是被「制約[3]」呢？

人類出生後第一個追尋的即是被「扶養者」認同，他們是人生中最初的階段，大部分人所認知的「概念」都來自於出生環境的行為模式，而殘影就像是在視覺中投射自己的價值，關乎於往事，一種來自過去的囤積。我們擁有的物品就這樣，記錄與播放著人生中被留下來的故事。

被烙印的標籤

品牌（Brand）語意源自古諾斯語（Old Norse）的「烙印（Brandr）」一詞，人們用火及工具將圖騰標誌印在與其他人區別的私有財產上面。例如：家畜、工藝品、生產食物的包裝。解放雙手的人類，使用了火來「銘刻自己」在其他的生靈、物品上面。這樣的行為演化之今，被現代的物品所取代，像是利用衣服來作為標籤化的行為。

3 在此意指「古典制約（Classical Conditioning）」，是一種關聯性的學習，又稱為 Alpha 制約。發生狀況大多數為——大腦對於某一件事物的記憶會附帶其他另一件事物，使個體容易產生「非自願」行為。

在某種程度上，希望他人的衣著[4]能夠符合自己的想像，是一種「控制」或「便於管理」的行為，也是人類集體演化的學習。在「無行為能力人」及「限制行為能力人」族群中來說，某些狀況下是需要的，例如：無法自理時期的孩童、因疾病而需要被照顧的人、或工作（活動）的規定，例如：醫療、餐飲工作者的制服。不論如何，雙方需要「合意」為前提來進行，若非合意就會出現「雜音」，來自於情緒的爭奪。其實，許多的摩擦反而是發生在「完全行為能力人」當中。

狀況一：強迫傳承，例如：成長過程中的感恩牌，通常來自於親朋好友穿不下的舊衣，家中的長輩強迫晚輩接收舊衣物，像是母親希望女兒接收自己年輕時所穿、質料好或認為昂貴的衣服。

狀況二：強迫標籤化，例如：情侶裝、姐妹裝、親子裝等，多為證明所有權，希望對方可以穿著與自己一樣的衣物。

在自然動植物裡面，沒有任何生靈「需要」對其他生命的「外表」做出現評斷或干涉。因為他們本自具足，對「身體展現的外表」沒有分別，真正的「階級制度」來自於與自然共生的存活能力。**人類需要追求外表是因為還不理解自己，需要「體驗」才能看見真實的自我**。與自然越來越遠的人，從掠奪動植物的生靈後，開始掠奪同類，就像擅自砍伐森林，這樣沒有經過「合意」的行為模式被一代一代的傳承，甚至連人的外表都被剝奪。

從階級制度的錯誤認知開始，人類與自然及萬物與之分離，為了追逐存活，只以自己為中心，忘了萬物相連。只思考著如何穿才會美（帥），如何穿才看起來瘦（身材更好），把「被同類看見」的存活需求緊抓不放。加上生理性別造成的體能差異，讓人類的男性更趨向「獵食」，而女性趨向「孕育」的二分法[5]。從此，在人類社會裡面，似乎所有事情就好像有了一個標準的答案。

殘影的殘影，使每一個片段越來越看不清楚，而產生的錯誤認知讓人類離「真相」越來越遠。這樣的誤解使男性一代一代傳承「如何占有」，而女性一代一代傳承「如何被占有」，這也是為什麼現代人類的審美跟「性幻想」需求脫離不了。年長的女性希望年幼的

4 在此，狹義定義為衣物、鞋子、包包等物品，廣義可以延伸至外貌、選擇甚是信仰。

5 此部分的男、女不單指「生理性別」，更在於「性別認同」，並且在階級制度中有強烈固定認知的族群。

女性可以穿自己年輕時的衣物，某種程度上也是為了傳承性的標籤、存活的價值。用視覺來追逐相同的殘影現象，只是希望對方變成自己，是一種占有也是越界。這是我們要在人生中清除的關卡，請對自己說：

我屬於我自己，不屬於任何其他人。
我屬於我自己，與我的外貌、長相、身材、性別、膚色與國籍無關。
我屬於我自己，我願意聽從內心的聲音，並讓他人也可以做他自己。

〈去除標籤化宣言〉

德國哲學家弗里德里希・尼采說：「離每個人最遠的，就是他自己。」人類已經占領地球並經歷過許多歲月，依舊在找尋自己。若人只依賴外表的感官在尋找，就很有可能一生中都沒真的清楚地看見自己……有時候，殘影現象不只是短短的幾秒，而是下沉到了腦裡與心裡，這些被留下的痕跡，讓人不自覺的想要追逐相同的模樣。

所以，我們到底是誰？

時尚與個人身分認同

現今人類社會所發展出的經濟模式中，時尚橫跨了千年歷史、是全球化及規模最大的產業鏈之一。涵蓋服裝、包包、鞋類、飾品等物，並包括設計、生產、製造、行銷等活動，更牽涉到原料養植與自然的開採。

擁有高度腦部發展的人類，對於生命的美及時空的流動，展現在「時尚」之內。

法國知名品牌創始人可可・香奈兒說：「時尚不僅僅出現於服裝上。時尚還存在於天空中、大街上，時尚與我們的觀念、生活方式及每一個當下習習相關。[6]」由此我們可說**時尚是一種人類對於美學的應用，使用物質來展現並分享愛**。

6 原文「Fashion is not something that exists in dresses only. Fashion is in the sky, in the street, fashion has to do with ideas, the way we live, what is happening.」。

人身上所穿的衣物、鞋子及背的包包，是一種無聲的語言。它們反映出穿者的自我，以及對外界表達自己的方式，同時與天氣、文化、流行及所處的時空互相產生交錯。這些物品代表了使用者的喜好、認同、理念，藉由物品展現個性，或是變成他自己想要成為的樣子。所以，衣、鞋、包在某種程度上建構了個人的標籤，以及塑造了意識上的認同；根據不同時期的成長或生活的轉變，會改變使用的物品樣貌。這三類物品是支持人類看見自己重要的線索，每一個物品的設計、製造、販售、購買、使用、丟棄也隱藏了人類集體意識的變化。

從物品最初被創造至今，使用物質以便存活這個原因沒有改變，但人與人心之間發生了變化，人與自然的關係也產生了質變。《創世紀1：26》神說：「我們要照著我們的形象，按著我們的樣式造人，使他們管理海裡的魚、空中的鳥、地上的牲畜和全地，並地上所爬的一切昆蟲。」人管理生靈萬物後發生了什麼事？越來越多的極端氣候及全球暖化……我們，是不是搞錯了什麼？

人類使用的物品當中：大量棉花田毒害土地、紡織用染料污染了水、殘忍對待動物，還有人造纖維的塑膠微粒占據海洋，加上過多的製造、消費及過量丟棄，造成環境負擔，並傷害許多生靈。我們需要好好重新去思考，適應天候及展現自我的物品要付出這麼多生命的代價，而人類珍惜了嗎？

現代管理學之父彼得．杜拉克在著作[7]內曾經提及：「管理是一種工作，它有自己的技巧、工具和方法；管理是一種器官，是賦予組織以生命的、能動的、動態的器官；管理是一門科學，一種系統化的併到處適用的知識；同時管理也是一種文化。」人類管理（對待）自然生靈的方式有許多誤解，我們應該是以更多的「思考」為前提。神讓人類管理的真實意義，是「照顧」地球以及相關眾生，因為這是人類的定位（位置）。人沒有比其他生命優越，也不該越界去傷害自然、動植物及相關生靈。

印度和平運動者甘地說：「成為這世上你想看到的改變。」時尚可以展現自己，亦

7 《管理大師彼得．杜拉克最重要的經典套書（Management: Tasks, Responsibilities, Practices）》分為三部：管理的價值、經理人的實務、經營者的責任。

可成為改變世界的方式。**當我們理解萬物相連，我們就能夠明白，所有的事物都是必然、都是為了互相看到對方的找尋**。在實際動手整理的章節內，我們會一起運用自己的自由意志，從擁有的物品中看到自己的故事，並從未來購買的行為裡創造大家的故事。

人生整理課是讓我們藉由整理看見自己，也藉由時尚來滋養靈魂。

三分之一的生命

其實，最早出現的物品，不是衣、鞋、包，而是床。雖然當時可能不被稱為床，但的確是人類用來睡覺的物品。一開始遠古時期的人們席地而眠，用葉子、樹枝來鋪墊，之後加上獸皮等素材，就成為床的起源。渡過睡眠的床類，人在上面使用的時間約占了三分之一的壽命，是長時間且高頻率使用的物品之一。它們支持我們休息、放鬆並讓身體重新調整。**在睡眠的時候，身體內部正在陰陽調合**[8]**，靈魂得以充電**。而人類為什麼需要睡覺？從整理身邊的床類物品，我們可以窺見某些端倪。

古希臘哲學家柏拉圖，曾說過三種不同的床：「第一種是自然中本有的，我想無妨說是神製造的，因為沒有旁人製造它。第二種是木匠製造的，第三種是畫家製造的。」他用床來說明藝術這件事，畫家製造的床是模仿神及木匠的，只有神製造的床才是真正的床。**就像一切事物都在模仿真理，而藝術在模仿現實的事物**。

所有物品，都在支持人類的需求，都因進化與演化被創造出。畫家的床在說明睡眠這件事，木匠的床在製造輔助睡眠的工具、以便用於實際進行睡眠，而神的床就是那些人類想要從睡眠中、夢境裡向內走入看不見的世界。藉由腦中出現的影像、聲音、感覺窺見那些被隱藏的訊息。因為有睡眠，人類得以與大地萬物連結，補充體力、維持體溫、提升免疫力。所以床（床類物品）不只是床而已，它們反映出一個人對於自我理解的真實價值，就像是回歸自我的儀式。從床上醒來的那一段時間，幾乎就決定了當天是幸運或是悲傷。

8 在此指的是睡眠過程中的「增強同化代謝」及「降低異化代謝」兩個作用。同化代謝又稱合成作用，將小分子轉變成生物體所需的大分子，例如：肝醣生成。異化代謝又稱分解作用，是生物的新陳代謝，將大分子分解成小分子，例如：呼吸作用。

從半夢半醒走到清醒的時刻，告訴自己：

不論發生什麼，都要以良善、溫柔、平衡來對待每一件事，

萬物循環、萬事相連，今天也是美好豐盛的一天。

〈整理之路的美好宣言之一〉

使用美好宣言來讓每個休憩之後，得以重新開始（不論是夜晚或是小憩）。

因為我們面對的是人生，而不只是物品。

代表自我價值的衣、鞋、床、包，來自於生命的地基。當我們整理、清潔這四類物品時，像是重新生長骨骼。它們記錄與播放最稠密的訊息、乘載來自使用者內部溫熱的氣，有著與地球最接近的連結，是光的身體中最堅硬的結構。物品們支持了人類的自我探尋，

當我們重新整理，就像是把光填補在各自的碎片之間，讓它們重新密合。在這個過程中，我們可能會遇到過去的自己、被遺忘的故事，也許還帶著創傷或是憤怒。

但不用擔心，我在這裡。我會跟著你一起回到內心的平靜，走向更美好的未來。

讓物品支持你。

而我們**從整理之中看見自己，你——才是宇宙中最重要的價值**。

所有事物為你而來。

第二節　觀自在整理

自然界中，一種特殊的現象稱為樹冠羞避（Crown shyness），這些樹木爭奪可以被陽光照射的空間，但樹冠卻不會互相遮擋，在彼此之間形成略有間距的溝狀開口。不論是否為同一物種，看起來就像是在禮讓彼此一般。這樣的現象，讓樹木之間不會因碰撞而造成物理傷害，或讓蟲害傳播於各樹，也像是彼此保有各自的界線一樣。

為什麼樹木可以在生長的過程中就做到這件事？因為植物有感覺、可以交流，也有記憶。他們溝通的方式可能不是人類看得見，但從科學儀器中可以檢測出，樹木中的感光細胞可以感應反向散射的光，用來知道身邊不同樹木的距離。不影響其他樹木的生長空間，並讓旁邊更矮小的樹叢也能曬到太陽，樹木正在做「不影響其他的生靈，卻又能夠真實、完整的讓自己與光連結」這件事。這樣的行為，才是真實的做自己。明白我們「共同享有」這塊土地，在彼此都能夠呼吸的空間之下，一起「共同生存」。**分享彼此，且不越**

界，讓他人成為他自己，也讓自己成為自己最舒適的樣子。

不管在人生中、物品裡，所有的人事物都需要這個互相禮讓的距離，讓每一個當下，都能夠真實的安住於此。而現實世界裡的紛亂，其實都來自於看不見彼此的光。若我們能夠明白這個世界上的每一個人都同樣重要，我們就可以知道，每一個人也都是同樣平等，只是彼此的位置不同，界線也不相同。**每一個人事物都是光的碎片，帶著不同的原因、相似又不相同的故事在此時相遇**。每一個點滴，都在進行著看得見與看不見的交流，這些訊息影響著人類的心念。真正重要的事，藏在看得見的現實裡，也藏在感覺的到，或又感覺不到的氛圍中。飄來散去，勾動著人心。

就像藏寶圖，表面上看到的不一定是真的……而挖掘被掩蓋的訊息，會引領著自己撇見那些生活片段中、被遺落或一閃而過的真相。每一個發生、即是必然，沒有任何對錯，而是對我們自己而言，心被觸動了什麼。你的世界如何進行與運作，也取決於那些被撩動的「心境」。讓我們回到內心，一起慢慢的去感覺……。

生命的目的

人類種族因腦部發展演化之今，似乎主導了地球上的一切。但事實上，我們對於這個世界、這個地球，甚至連自己身上所發生的事情，比起「真相」來說，知道的還很少……現今的醫學雖然對於人的身體有很多研究，但還有更多未解之謎。

你有沒有想過，為什麼自己要活在這個世界上？

為什麼是這個身體？為什麼是這個家族？為什麼是這個時間點？為什麼你拿起這本書來看？為什麼你剛好看到這一個段落？這一切的一切，沒有巧合，而是有許多未被察覺的軌跡。人類就像盲人一樣，想要從自己有限的感覺中理解顏色是什麼。當人類試圖想要證明些什麼，卻又會在大自然的奧祕及宇宙的幻化中，感受到自身的渺小。

理論物理學家阿爾伯特・愛因斯坦曾在採訪中表達他對於神是否存在的看法。根據紀錄，在採訪前愛因斯坦與一位朋友有約，記者抵達時桌上還殘留著咖啡杯、蛋糕、糖果等物品。然後，愛因斯坦問記者說：「你知道是誰把咖啡及蛋糕放在桌上的嗎？」記者回答：「應該是您對吧！」愛因斯坦回應：「像是咖啡杯這麼微小的事物，都需要一種力量來安排。那麼請想想，在這個宇宙中有多少的星球？若每一個星球都需按照某一種軌道方式運行來旋轉，那展現這些秩序的力量，也許就是神？」

然而，生活在日常瑣碎事務中的人類，以為自己都在同樣的地方做同樣的事，以為自己都沒有在變，以為我們跟星系、宇宙無關。事實上，不論我們願不願意接受，我們都跟宇宙中的繁星相連，並持續不斷的在改變中。你看到這一秒的現實，與上一秒相差甚遠。人類住在地球上，我們以為安安穩穩「不動」的在居住空間裡，但在宇宙裡面我們已經旅行移動了一大段的「位置」。地球本身有自轉，然後又會繞著太陽公轉，整個太陽系又繞著銀河系旋轉，稱為宇宙漩渦流（Cosmic Vortex）。所以，我們所處的每一的當下，都在不同的位置（定位），所有的物質跟著這個律動，都在高速的震動當中。我們的眼睛看不到這個改變，看不見這個移動，是因為我們處在地球這個巨大的移動工具裡。

每一分、每一秒，每一顆星星的位置跟我們之間的距離都不同，就像各自在這個巨大的「有」的現實中跳舞一樣。固定不動、反而是這個世界中的「雜音」。**真正的定位，是一種在生命中富有韻律性的流動**。跟人類自身的軌跡一樣，而物品也有同樣的特性。我們每一個當下的感受，容納了眼、耳、鼻、舌、身、意，不斷的在演化、變化、進化，但我們又希望身邊的所有人事物不要改變？這也是一種殘影效應，想要追逐著過去。

而生命的目的，跟文明法則史學[9]的四季變化相同：

春季開花——自我維持：獲得延續生命的基本要素——進食、睡眠。

夏季成熟——自我成長：追求並實踐自己所需——成就、表現、自我滿足。

秋季崩壞——自我認知：學習接受自己不能夠接受的——偏見、煩惱、無常。

冬季準備——自我超越：進化或繁衍——改變生命認知、創造新的生命。

生命，是一種流動性的學習過程。人生中每一個片段、每一秒鐘，其實都在不斷的循環、旋轉以及改變，每一個當下，都有著不同的真相。沒有任何一種信仰、靈性派系、通靈訊息、養生方式、醫學、運動甚至是科學可以完整、全面的說明一切。就像每一個不同的「思考方式」隱藏著不同的光的碎片一樣。**人生不是要去證明什麼，而是理解每一個**

人生整理的「心有靈犀」

天時、地利、人和

當下。就像佛陀在菩提樹下悟道，而我們從人生整理來看見生活中「每一個當下的道」。

自我維持、成長、認知、超越，這四個行為環環相扣，在衣、鞋、床、包的使用上我們也會經歷這樣的四季變化，因此組成了每個人的自我價值。當你正確的使用物品，挑選出在每一個當下，

9 文明法則史學為人類的文明發生是「有週期性規則」的理論。

每一個恰當、適合、和諧的人事物之時，你會感受到溫暖的氣，就像身體與物品的界線消失。你使用的每一個物品，就變成你自身、內在力量延伸出去的能量。不論物品的所有者是誰、是不是你正在使用、或準備送出去旅行的物品，都會與你自己、與當下瞬間的所有星系、宇宙、時間、空間、維度所串連。像是一條看不見的細線，開始震動、感應並連結所有的碎片。

如何在每個當下，看見生命的真相，是人生整理課的重要學習。不帶著過去與未來，只是安穩的觀察、不評斷、看見每個細節及背後的故事，即是覺察、亦為照見。

慾望與上癮

每個生命，都有著本自具足與萬事萬物連結的能力。我們從何時開始，失去了這個連結？也許，在我們第一次沒有辦法滿足自身需求時，物質身體與靈魂就開始漸漸的分離。在自然界的動植物當中，沒有任何的專家來告訴他們需要怎麼做，但生靈的本能都可以在每個變化來臨前感受到訊息。自然界中沒有育兒手冊，每個孕育下一代的過程都是來自於父母與小孩、透過非語言之間的溝通而成。

當人類過於急忙的想要「完成事情」，忽略了「享受當下」，把力量交給外在的事物，聽從別人的建議卻遺漏了發生的徵兆。為了有效率及固定，嬰兒出生後的進食，往往有來自於醫生、家人、朋友、專家的建議——在何時？幾次？多少數量？並且為了不打擾已經有日夜規律的大人作息，通常會有幾種情況：多餵一點奶，小孩晚上就不會醒來，或是小孩在餵奶時間已經睡著，又被大人叫醒進食。在更長大一些，小孩開始有自主能力決定事物的喜好，許多長輩卻急於為小孩規定吃什麼食物健康、怎樣穿才能夠保暖[10]，忘了每一人都有自己的感覺。

這樣反覆的過程，讓自己「解讀自己身體真正的需求」變得越來越薄弱。動植物使用「本能」來生存，但人類卻改用（或被迫）「前人的經驗」讓自己生存。從小每個需要睡眠時卻被打斷，每個需要進食時卻被干擾，種種的經驗累積都讓人類的感知趨向「制度

10 在台灣常見的說法是：「有一種冷叫做媽媽／阿嬤覺得你冷」。

化」，而不是「理解自己」。

你說：「可是小孩不懂，無法節制啊……」

我說：「所以溝通就很重要，因為心不被語言所限制。」

當許多沒有被滿足的「自我維持（進食、睡眠）」，經年累月影響了之後人生中的「自我成長（成就、表現、自我滿足）」，這就是為什麼很多人瘋狂購買東西來舒壓，然後又瘋狂丟東西來減壓的原因。買東西、丟東西這樣的慾望都來自於「自身的內在需求」，可能是當下或是過去沒有被釋放的情境。慾望本身沒有問題，而是人類自身若沒有發現慾望對我們自己的影響，就會重複的在同樣的迴圈裡不斷上演、甚至變成上癮。想要更多的追尋，就會有更多的淪陷。這樣的論述不代表要回頭詢問父母，當初為什麼不滿足自己的需求……每對父母都已經盡他們所能給予小孩最佳的生活。其實每個人都是盡他們所能，給予其他人自己最好的一面。

你說：「可是我覺得有些人對待別人不是善意的。」

我說：「是的，那是因為他們也這樣對待自己，所以他才會這樣對待別人。他們選擇用這樣的方式體驗人生。每個人做的每件事，都只是在對待自己而已。」

在我們過往的人生當中，每一個沒有被滿足的需求，都讓自己離靈魂越來越遠。加上這個世界為消費定義了標準答案，不論是追求「想要」的購物方式或是提倡「需要」的正確購買，都是表象上的誤解。**對於心來說，物品真正的功用在於滋養靈魂**。每個人的生命故事，需要被滋養的東西、從來不是表面上看到的那樣。沒有一個人可以幫別人決定，什麼物品才是對方真正需要的。其實，真正的想要或需要，都來自於靈魂的渴望，是內在小孩在心裡面吶喊的聲音。每一次的選擇，都應該停下來，好好的往內看。

「我是不是真心的想要？」「我是不是真心的需要？」

放掉外在那些告訴你，需要遵守的規定。放掉那些不屬於你自己的聲音、還有他人的眼神，你的內在才能夠讓那些慾望可以真實的被看見。也許，你還無法一次就做出轉變，或者還讓過往的選擇困擾自己……此時，可以使用以下方式來協助自己。

人生整理之「記憶回溯」的步驟

第一步：你可以選擇坐著或躺著，摘除髮夾、眼鏡、飾品、皮帶、脫下鞋子等束縛在身上的物品，雙手掌心朝上輕放在身體兩旁。若選擇在安靜、舒適、可以放鬆的地點來進行效果會更好。

第二步：把眼睛輕輕的閉上，做三次深呼吸（先吸後吐）。吸氣時，要感覺肚子充滿了吸入的新鮮空氣，吸到最飽後開始吐氣，讓自己的意識跟著吐出的氣穿過腳底（氣往下走）。隨著這三個呼吸，一步一步地讓身體慢慢放鬆。

第三步：讓腦中「自動浮出」過往的記憶或是思緒掛念的人事物。可能是困擾你許久的工作、或是一直想購買的物品，就讓這些記憶慢慢地成形。

第四步：看著腦中裡的這個畫面，說：「**我願意看見，我需要看見的真相**（此句重複三次）。」

在這樣的步驟中，你可能開始覺察到自己當初沒有發現的——那些沒看清楚的畫面，或是沒聽清楚的話語，也許還出現新的想法。而這些被看見的新訊息，就像足跡般，帶我們走向生命的道路。我們不用回頭修正過往的決定，也不用療癒曾經的創傷，我們需要的是「看清真相」，不讓殘影、猜測或失真的片段來影響自己。這樣的記憶回溯，可以幫助自己重新再次以旁觀者的角度來觀察曾經發生的事。

當能夠「真正的觀察」，就能理解與放下。

第五步：完成記憶回溯後，建議可以補充一些溫開水[11]，讓水去滋養這些流動與變化。人生整理的記憶回溯也可使用在——用來回顧自己對某些需要釐清狀況的人事物時。

當我們看見了真相、曾經發生過的事實，我們就可以完成「一直在追逐的想要」，開始走向「真正的需要」。這樣不斷的練習，讓我們更看見自己的樣貌，有一天，我們就可

11 最好是使用「冷」加上「熱」所調出的陰陽水。

以真實的想、然後去做，不需要「要」。每一件事情發生的當下，即完成所有的因與果，並讓這樣的選擇方式，帶領自己走向智慧。

失控的形象

叮咚，你收到一封信件。

來自一個重要且神祕的邀約，是人生之旅裡面的其他旅人給你的訊息。上面寫著：

你好，我想邀請你來參加一個特別的聚會。

以下是聚會的時間與地點×××

我們期待你的參加。

你的朋友

收到這封邀請函的你，不知道對方是誰、不知道誰會參加。看著家中的衣物，開始思考，要穿什麼衣服、鞋子、帶什麼包包、如何打扮？打開衣櫥，然後……？

你有沒有想過，在你的人生當中花多少的時間在思考要穿什麼？人類花許多光陰在打扮自己的外表上。期待穿上這些物品，讓自己看起來「更像自己心目中的自己」或是「更好的自己」。但又有多少人，穿出門後卻後悔自己穿錯呢？其實，這些覺得自己穿錯衣服的狀況，少部分因為氣候、不符合規定（場合需求），而絕大部分是因為「碰到了某些人」或是「拍照、攝影留念」。這些來自外在的因素，是因為在意「他人的眼光」，因此選擇穿在身上的衣著是為了他人，而不是為了自己。

當我們把決定權放在外面，我們的人生就會永遠在一個「未開啟」的狀態，並且充滿了許多追求殘影現象而留下的物品。許多人覺得自己的衣服、包包、鞋子處於混亂的狀態是因為——跟自己的價值定位不符合。使用、購買的物品對於自己而言可能過於昂貴或是過於便宜。事實上，每一個人、在每一樣物品上面，都有不同的價值定位。不是來自於市場標價，而是來自於內心的聲音。

若我們把身上穿著的物品，都只用品牌、外觀、樣式來決定，那我們就會忘記了「心」的聲音。對自己而言，穿這些衣物，身上的感受是什麼？衣、鞋、包，這三類其實承接了光體所散發的氣場（Aura），是靈魂的氣息，也是增加自身能量的物品。它們協助人類將看不見的能量，用物質來具象化的表現出。**衣類與看不見的身體有些許重疊、它們會記錄穿者的風水，鞋類介在身體與土地之間、他們會記錄穿者的情感，包類則是承接了雙手的能量，是身上的太極**。這些著裝於身上的物品，其實是來協助人類的。

當我們把眼睛閉上，感受周圍的空氣與溫度，感受身上的衣著給自己的支持。就能明白，真正的舒適來自於內在的感覺，真正的美好來自於「自己與自己同在」。**我們是用自己的氣場在穿著衣物，而不是仰賴外在物品的樣式來堆疊自身的形象**。

「我不會因為穿什麼衣服而評價自己，同時我也不會從他人的評價來責備自己。」

當我們把專注力拉回自身，我們的表情、動作、話語及行為都會開始改變，這些身體上的調整會將氣場重新延伸出去，透過物品給人類的支持，產生出新的氛圍。一個人外在形象的重點從來不是在穿著的衣物上面，而是自己的心是否強大。這樣的氣場才是真正有感染力的時尚，也是有影響力的美。重點不在於自己有沒有打扮，或是有沒有符合外在標準的期待，而是願意肯定自己，所使用的物品就會協助自己，並讓自己變得更好，穿著的衣物便延伸了自己的能量，讓看不見的氣場閃閃發光。

這也是為什麼表演台上的人們，歌手、演員、舞蹈家，不論什麼樣式的衣物穿著在他們身上都會有著生命的光。而專注在當下的人們，農夫、廚師、協助他人的照顧者，不論身上的衣著是否乾淨整齊，也會帶著生命的亮。人類所感受到的不僅僅只是表面上看到的形象，還有那些看不見的靈魂所帶著的力量。

控制欲與罪惡感

在進行這四類物品的規劃時，首先先要確認整理的「黃金法則」。我們是否真正的使用「自己」的物品還是背負著他人的人生故事？

許多人一生，都在找尋自己，他們用很多的方式來證明自己，也把證明這件事放在其他生靈的身上，這就是控制欲。而另一種，是用被控制來看見自己。這都代表著在界線上需要學習關於「安全感」……來自於恐懼，或是堆滿過去回憶的角落。其實，你想要回憶的過去，是在宇宙的遠方。當想要追尋的殘影離自己越遠，控制的慾望就會越強烈，這也是為什麼有些人隨著年紀增長，就越來越固執。越古老的人事物，越難處理。這些巨大的情緒來自於靈魂的內在，驅使自己需要看見真相。控制欲、固執跟情緒勒索一樣，是在提醒著自己，需要流動、需要柔軟。

環顧你居住的四周，有多少東西是在你「非合意」的狀況下進到你生活中？別人給的東西、別人希望你購買的物品、因為他人所以自己才買，這些並非來自於你內在力量所得到的物品，都是在退讓自己的價值，讓別人的掌控侵門踏戶。例如：被父母、同儕、情人或專家強迫而穿、或強迫接收……也許他們有個虛幻的包裝，叫做：「為你好」「你穿這樣比較好看」「我在幫你」「我是專業所以你要聽我的」。

有時連我們自己對於自己外表的定義，也都來自於生長環境的影響。女性需要端莊嫻淑、男性學習溫和有禮，在不同國家、文化的薰陶下，認為自己就應該穿著如何。在自然界中，沒有任何的外表被性別限制或規定。陰柔不專屬於女性、陽剛也不為男性所特有，那是人類給出的侷限，也是前人留下的殘影。

當有了退讓的「因」，就會有「果」需要承擔，因果法則就是一種物理現象。因非合意的狀況而出現在生活中的物品，就會產生「罪惡感」。若這樣的物品上面自己的氣息越少，罪惡感就會越大，像是看不見的人拉著你的身軀，幫著他人承擔他的生命故事。這也是物品會亂的其中一個原因，因為櫥櫃裡面住著許多的侵入者。當過多的他人占據了自己的人生，就會打破四季變化的流動，強制、嘎然停止的走向「自我結束」，從此一步一步的重複過去，邁入死亡。

不只是物品，當人生中讓他人占據了自己的生存氣息，像是霸凌、騷擾、言語或是行動上的攻擊、被植入的想法與概念（先入為主），都是一種非合意的控制，來自於權威者[12]的生存恐懼。人為什麼有這樣的行為產生？因為忘記了我們都是光，對於殘影的追逐，讓人以為只要打倒比自己更強大的，就可以掠奪對方的光。卻忘了那些對於外在的控

12 有時候「權威者」才是最害怕的人，就像「優越」可能來自於過度自卑。

制與攻擊，都是在對自己靈魂的切割。

你說：「為什麼人類要對他人或自己做這樣的事？」

我說：「因為需要經歷，唯有透過自己真實的體驗，才能看到背後的真相。」

你說：「所以真相到底是什麼？」

我說：「看到這一切背後所代表的愛。」

活在殘影裡面的自己，並沒有在生活。而控制他人的自己，也沒有在過自己的人生。當我們可以看到事實的真相，就會知道「愛」、串連一切。所有的侵占與退讓，都是一種流動的樣貌。愛變成不同的形象、展現不同的效力，提醒著每一個人——回到真實的自己，並讓他人也回到他自己。

光是色彩的源頭

影響人類視覺中的重要關鍵在於「顏色」，加上對於這個世界的理解方式夾帶著他人的影響，尤其是生長環境。我們對於顏色的喜好與應用，來自文化背景對於顏色的使用與認定，包含家人喜歡購買的商品顏色、求學中美術老師挑選的顏料、朋友及愛慕對象常用的物品顏色、甚至是信仰中所使用的色彩，這些都會影響我們「個人」對於色彩的感受。雖然現在有非常多的專家提出色彩心理學（Color Psychology）或色彩能量對於人感受上的應用。但我們每個人對於色彩的感受，從來不僅僅只是現今學術研究所歸類出的那些。當一個固定的場景、搭配相對應的顏色，有相同文化背景、集體意識的人們可能會有類似感受但不會完全相同。**因為人的心，沒有那麼容易被歸類**。而且，你知道我們看見的顏色並不相同嗎？

在二〇一五年發生「連衣裙的顏色到底是什麼？[13]」所造成的全球討論事件，稱為 # thedress，又被稱為藍黑白金裙。一名帳號為 swiked 的使用者在社群網絡平台上刊登出一張橫條紋裙子的照片，讓全世界的網友爭相討論到底是「白色與金色」還是「藍色與黑

13 在二〇一六年也出現 @whyofcorso 的包包是白色還是藍色？二〇一七年 Nicole Coulthard 的鞋子是灰綠還是粉白？

色」。這個現象揭示了人類對於色彩感知的差異，讓神經科學及視覺科學領域開始展開多方研究。留言分為白金派與藍黑派，也有些人發現每次看到的顏色都不一樣（兩個組合顏色的其中之一）。這個現象是大腦的「色彩恆常性（Color Constancy）」機制，像是腦中的自動「白平衡（White Balance）」在控制顏色（色溫），意思是大腦會把照片裡面的光源納入考量做出適應與調整，而每個人的基因不同，所以會有「物品原始色相（色調）」與「調整後顏色」的不同狀況出現。

在自然界中，光源的改變會影響我們看世界的模樣，大部分的物品並不會突然改變顏色，所以為了能夠恆常的理解並看見，大腦才演化出這樣的機制。由此可知，**顏色是主觀感受而非物品的客觀狀態**。每個人看到的顏色不一定相同，色彩來自於個人的感受與理解，除了大腦建構出的狀態外，也有可能是心理層面以及身體上的生理機制。那我們看到的，與他人看到的是否是同一個現實？是否有大腦調整過後的畫面呢？

對於這個世界，我們到底知道了多少？

你說：「可是很多專家說，一個人愛穿什麼顏色就可以知道他的心理狀態。」

我說：「如果人類這麼容易就知道自己在想什麼，那人生就簡單多了。」

你說：「還有其他的研究指出——穿什麼顏色，能量會變好或變壞？」

我說：「誰認為的好？又是誰認為的壞呢？能量本身沒有好壞，只有是否適合當下的自己。」

事實上，每個顏色都不是純粹的單一色系，就像在自然界中的綠色葉片。仔細分析，就會發現每個綠色都有不同的色彩比例組合。即便是形象管理常用的「個人基因色彩（Personal Color）」，所檢測的結果會取決於當時你自己的膚色[14]、眼睛顏色、髮色而變化。隨著時間與年齡的流動，適合的顏色也會改變。

14 膚色跟血液有關，除了基因本身，身體狀況也會影響。

物質是凝結的愛，而物品是凝結的光，來自於千萬生靈所產生出的真心。在我們這個世界中從來沒有不美的東西，那些認為的不美，由「不」產生的醜、過氣、過時，都是分別心，因看不見其他不同樣式的光所產生的誤解。

在我的眼裡沒有不美的東西，只有——是否能夠支持到我的當下。
在我的心裡、這個世界上的所有，都是美的事物。
我放下對於外在評價的需求，並讓這股能量回到我身上，成為我自己的養分。
支持我看見自己本來自在的樣子。

〈整理之路的美好宣言之二〉

第三節　生命的足跡

這個世界的所有點滴，都是必然發生的，是由千千萬萬的「念」所構成。許多對於自己當下不能夠再使用、交流、溝通的人事物，可能來自於過去，被冠上了「雜」的標籤，或是其他的相關字詞，例如：「贅」事、「廢」物。

與「雜」一樣，大多用於形容自己「不要的」。讓我們來看看這其中的關連：代表五彩相會的雜，原本造字時用以表示多種樹木在森林裡，文字中的隹與鳥同源。贅的動詞為抵押、形容詞為多餘及沒有用處、名詞為多出來或多增加的。贅，可拆解為出遊、閒遊的敖，及海洋中的貝。廢，是指不再使用或失去效用之意，由广及發構成，广為沿著山崖所建的房屋，而發為生長、開始、放射之意。這些被貼上「不需要」意涵的文字，都跟自然有關，都是能夠撫慰人心的植物、山及海。其原意都有著豐盛且生意盎然的流動，而現今人類社會以為自己不再需要了，就像住在都市並與自然分離。事實上，當我們用雜、贅、廢這樣的字詞來統稱生命中的人事物時，其實是靈魂透過語言來提醒自己，這些能量過多，需要讓它們流向應該去的地方。過多不代表強大，而是當下的自己無法共振，可能是過於沉重或是過於大量。

所有的雜、贅、廢都是被忽略的財富，它們等待著被解鎖，被看見、等著在適合的時間被送去應該要去的地方。當我們用整理來看見人生中的背後故事時，打開任務的鑰匙會有兩個種類：一個是公開的，另一個是私有的，公鑰用作加密，而私鑰則作為解密。在密碼學當中，我們把鑰匙（Key）稱為密鑰或金鑰，分為對稱及非對稱密碼。

當我們內外的自己還沒有平衡時，我們需要加密來保護自己、透過解密來認識自己，兩把鑰匙是不一樣的，而加密的公鑰（Public-key）是公開展現給所有人知道，是你自己想展現給這個世界的樣貌。例如：外表、打扮、網路上發表的文章照片、在公開場合的行為模式。而私鑰只有你自己才知道，就像是你不願意被別人看見的樣貌。例如：認為這個世界上有雜物、沒有打扮就無法有自信、會用外在之物評價自己。這樣的狀態為非對稱式密碼。

另外一種則是，加密與解密都是同一個鑰匙的對稱式密碼，因為只有一個，由你自己選擇要如何展現或告訴別人，對稱密碼又稱為共享密鑰（Pre-shared key）。沒有內或外、沒有好或壞、只有「一」。就像古代鍊金術所說：「看似上，實則下；看似內，實則外；看似宇宙萬物，實則心靈深處。[15]」生命中的每一個發生（現象），都是重要，而且可能不是我們想像中的那個樣子。生活中的每一個物品，都隱藏了重要的訊息，它們是密碼的片段，也是靈魂的碎片。

當我們可以解鎖被忽略的訊息、讓堆疊在家中的閒置物品去流動，重新看待原本被認為是雜、贅、廢物的東西，我們就可以看見「在自己理解之外」的財富，這是宇宙的祕密，也是共享的金鑰。

那些還沒有被平衡的自己，只是散落在外的光。

15 原文「As above, so below, as within, so without, as the universe, so the soul.」來自艾默拉德石板（Emerald Tablet），實際來源不明。此為赫密士主義（Hermeticism）、煉金術、占星學、塔羅、神聖幾何、神通術的重要概念。

人類與自然循環

文明的發展，讓人類躲在房子裡享受與自然氣候分開的溫度，也能夠種植非當季的物種。現今的人類，對於溫度的感受及食物的獲取，已經跟自然的循環越離越遠，穿在身上的衣物也可能不再與真實的氣候有關。身上的所有，只有我、忘了我們，忘了萬物都是光的一部分，我們都跟宇宙星系相連。而人類的需求（社會進步）與商業利益上的進展（經濟成長）也因科技的突飛猛進，無限制的消耗這個已知的物質世界，卻忘了這個進步是否符合宇宙的平衡？

出現在二十世紀前期的快時尚（Fast Fashion），是指短時間內不斷地上架新商品，將原本依照季節才推出新設計的模式，轉變成一年五十二次的銷售手法。商家採取低廉的價格，以又新、又快、又便宜的刺激性宣傳來讓消費者產生衝動購物。每週都有新的流行趨勢，造成許多人因此過度購買及囤積。

快時尚，並不是真實的。當一個字詞的前後加上了時間的侷限性，都只是趨炎附勢的模仿。**時尚是使用者與物品一起共同展現「自我態度」的集合體，是每一個當下的意識之美**，跟生活有關、跟生命有關、跟所處的時間、空間與萬物都有關，是一種塑造自己樣貌的方式，也是一種探尋自己的旅程。

穿什麼品牌，或是跟隨商業潮流，搶先與爭快、模仿與抄襲、或穿著被別人認同、讓別人覺得好看的衣物……這些並不是時尚。他人的認同僅只證明你有符合這個社會的「標準答案」。我們所使用的物品，記錄了我們自身在這個世界上所留下的痕跡，你怎麼選擇、你如何使用，你身上的起心動念都在靈魂上寫下了記錄。若沒有符合生命的循環（永續發展），不論是想要或是需要，都僅只是人類的私心，占有著其他生靈的能量來延續自身的利益。在殘影的影響之下，許多的誤解讓我們的時尚被暗示而成，失去了天生的美感。只有明白人、自然、萬物、宇宙的相連，才能夠看到生命的美。

「從來不是衣服（物品）的問題，而是我們能不能夠接受自己的樣貌。」

不管你使用怎樣的物品，穿著如何，都是一種屬於你探索自身形象、自我樣貌的過程，不論這個世界想要把標準答案訂在何方，那都不是你需要去追尋的。只有你自己才知道怎樣觸感的衣物讓你覺得舒適，也只有你才能夠理解自己的身體、衣物與溫度的變化。你所使用的物品風格、以及何時想用、何時不願意使用、或轉換樣貌，都是調整的過程。除了大地的季節，你也會有屬於自己的春夏秋冬，依據生命前行、生活的轉變，物品會改變、替換、更新。不需要把美放在外面，也不需要把自身的價值侷限在東西有多少、是什麼品牌。當我們穿上衣物[16]，是與物品的製造、經手、所有使用的生靈產生共振，我們的靈魂也會與之交流，真正需要做的，是對於每一個協助我們自身的物品付出生命的尊重。

時尚大師奧斯卡・德拉倫塔說：「穿得好，不等同於穿好的衣服，它是屬於個人閱歷的平衡問題。[17]」曾幾何時，人類把美與時尚捆綁進狹隘的形象當中，想要受到矚目、追求「存活的價值」。退讓出自己的獨特、讓美被曲解，以及讓標準答案的形象來霸凌自身。**只有分別心，才會對於外表有漂亮與否的評斷**。

在自然界中，動植物們的外表都是依據生存環境而演化、隨著環境改變體色，稱為「保護色」或「隱蔽色」。通常是為了藏匿求生、適應環境、躲避敵害以及便於覓食。大部分的動物並不會刻意的改變外表來求得矚目，除非是在求偶展示（Courtship Display）時期。反觀人類的打扮，越來越多的行為將性幻想持續延長。不論是哪種性別，需要時時維持符合他人期待的美，因此長時間穿著束身、緊繃的物品、為了好看而束縛自己[18]。你自己認為的美，追求的打扮，真的是來自於你自己？還是被「暗示」而成？不一定是社會上追求白、瘦、高才是制約，包括崇尚某個群體而改變外表，例如：靈性服裝、運動風、極簡風等。

真正的美，符合宇宙的流動，依循自然的變化以及生命的轉變。要不要打扮？要打扮成怎樣的風格？要不要使用這個物品來讓自己變美？「外表裝飾」與「自身感受」的協調到底要如何取捨？這許多的疑問，只有放慢腳步、安靜下來，才會從「心」裡面得到答案。當人與物品共同創造出「平衡的時尚」，豐饒女神將在生命之土中播下種子。

16 不只是衣服，而是所有的物質。

17 原文「Being well dressed hasn't much to do with having good clothes. It's a question of good balance and good common sense.」

18 在此泛指可能造成身體不適的物品，例如：塑身衣、高跟鞋、隱形眼鏡……。

活在每一個當下，即是美。那是靈魂與時空交織的旋律，超越外貌及年齡。

追尋答案之前

知道自己是誰，需要明白自己是否「理解自己」。許多人活在殘影當中、追求速成，卻沒有謙卑的看見真相。現代人理解自己的方式，太多是用心理測驗、個性分析或星座、血型來自我分類，而這個行為就是讓自己被標籤化。所以，生活點滴中的感覺被忙碌取代、情感關係中的愛消失在沒耐心之間。身為「人」這個種族，到底需要理解什麼？如果不明白人類的定位，許多的行為只剩下重複的糾纏。只有願意看見才能夠創造，若你自己無法控制習性，那些來自於過去的囤積將蠶食未來的時間。當你看見時才能夠掌控，而真相會在掌握自己人生主導權時顯現。你可以選擇力量在自己之內，或是被命運拖著走。

如果你強迫自己成為一個不是自己的狀態，很可能就會造成某些物品的磨損或身體上的壓力。例如：衣物被拉扯的破損、被鞋子磨破皮膚、使用的枕頭與床鋪讓自己腰痠背痛……這都代表自己身體的動作跟物品並沒有合拍，也是來自物品無法與自己共同合作的提醒。如果我們使用的物品沒有讓自己舒適，那是否表示——我們在購買時根本就不理解自己的需求？或是根本就不理解自己呢？如果我們都不理解自己了，那我們怎麼會看到自己以及自己的價值呢？

這些細小的片段，都是提醒。我們可以藉由這些破損與不舒適，來審思為何會讓這樣的狀況發生？是太忙、太急或是太過於想要跟上這個世界？當能夠真正看見並理解自己的價值時，生活的每一個片段都會是舒適、自在且自由的。最重要的是，能看清楚身邊支持自己的物品。

破損代表著「印記」——是物品在說話，不舒適代表著「停滯」——是靈魂在呢喃。提醒著人類，是否真實的理解自己？

不要急著把這些認為是壞掉，或把不舒適的物品貼上雜、贅、廢的標籤，它們是空間裡面提醒著自己需要看見的訊息，來自於空間的智慧。痕跡代表著時光流動，有人類需要學習的知識。所有的萬物、自然、物品都跟著宇宙的流動在前進，而被殘影影響的人，忘了從何而來，該往何去。如果你在任何一個人事物上看到了不美、看到了丟棄、看到了不開心，只是代表無法看見「真實」。如果你從任何人事物身上拿取、搶奪、模仿、抄襲，那也只是無法理解「生命」的暴力行為。

你知道嗎？與人相近的猩猩會使用火，但牠們少了「等待」的耐心，並無法「信賴」其他猩猩不會在自己使用火的時候吞掉食物，造就了與人類物種的差距。人類從遠古使用火到現代社會，物種進步了多少？人類的智力、情感、技能跟其他動植物相較之下，是進步了或是偏離自然？這個地球因為人類的統治，是更美好或是更殘破了？事實上，若人類重複著「拿取」以便生存的行為模式，卻忘了把真正的感謝放在言行舉止裡面，那這是否是人類物種進步的阻礙？

你說：「我覺得我有感謝啊！在使用物品、丟棄物品時都說謝謝。」

我說：「謝謝不只是說，而是全心全意的敬重。不要把謝謝當作一個廉價的口頭禪，而是真心誠意的、從內在的靈魂做出對這個世界的尊重。」

所有的「現在」都是因為有過去，有了前人的努力、有了你認為不需要的人事物，才有現在的你自己，任何一個物品都是帶著重要訊息而出現在我們生命當中。你是真實的感謝，或是表面上做樣子的重複抄襲（複製他人的行為），都會回到自己的生命中，回到人類種族的集體學習之內。在找尋自己是誰之前，需要先理解的是——明白自己不是誰。

你不是你的家人，你不需要尋找扶養者的認同，但你需要感謝家人（祖先）的付出，因為有了他們，你才有這個身體可以在此體驗身為人的學習。你不是你學習的對象，你不需要重複的使用他們的想法、喜好、模仿他人的生命，但你可以感謝所有讓你有新思維的人事物，因為有了他們，你才有許多被構建出來的智慧可以反芻及創造。你自己的專屬特質，來自於你願意真實的、真心的表達感謝，給到目前為止協助過你的所有生靈。**謙卑的看見自己的生活，來自於眾生付出的所有**。唯有讓尊重真實的展現，給出前人應有的位置，你才會成為你自己。

你說：「我覺得我有感謝啊！謝謝對方。」
我說：「如果你的感謝對方無法收到，也只是非合意溝通的假象而已。」

很多時候，真正的感謝來自於靈魂深處的理解，而非表面上的華麗辭藻。真正的有意識，也不會冠上「有意識」的形容詞，事實上，真正屬於你自己的旅程，也不是用文字、照片分享給大家觀看那樣的淺薄。只有內外的你自己開始相遇，看見什麼是靈魂所相對應的需求，那才是走向適合的生活、理想居家的開始。

整理潔癖

潔癖是一種強迫症，但很多人誤解為特別愛乾淨，只要對某些骯髒覺得不舒適時就說自己有潔癖。在某些狀況下，潔癖還被拿來形容自己是「完美」「整潔」「乾淨」的影射代名詞。實際上，真正的潔癖症狀，是一種容易產生焦慮、重複強迫性行為的精神疾病。起因通常來自於創傷，像是過往的經驗讓人感受到緊張或恐懼，不得不用清潔這樣的行為來得到安慰，以便尋求「安全感」。目前有以下三種不同的症況：肉體潔癖（性潔癖）、行為潔癖、精神潔癖。潔癖與強迫症一樣會產生「強迫性意念」或「強迫性行為」，會持續並重複的浮現某些想法及重複執行某些行為。例如：頻繁且過度的清洗身體或接觸到的物品及環境，甚至影響到身邊的伴侶或是小孩。

整理、收納、丟東西風潮席捲全球以來，一種新的症狀開始產生：「整理潔癖」，是綜合精神潔癖與行為潔癖的一種混合產物。大致上的情況為，對於物品的數量感受到焦慮、會不斷重複性的檢查及去除覺得用不到的物品，花大量的時間在尋找完美的物件來替代原有的東西、對於自己留下的少數物品有非常高的執著，並用自己的標準來檢視、評斷、攻擊他人的行為。更加極端可能是，追求什麼東西都沒有、顏色只能是黑白灰或大地色，擅自丟棄他人物品或偷竊他人的物品來使用（不付費）或不珍惜的用完即丟。這個因應時代而成的整理潔癖，是「破窗效應」的相關產物。

破窗效應（Broken Window Theory）是犯罪心理學理論，由犯罪學家詹姆斯・威爾森與社會學家喬治・凱林於一九八二年提出，其概念為若一棟建築有少許的窗戶破損，經過一段時間依舊沒有去修復，將引發更多破壞者來進行其他行為。例如：窗戶接連的被破壞、闖入建築，占領無人居住的地盤或是縱火及亂丟垃圾。因為環境中的某種不良現象發生後，並沒有適當的改善或維修，這樣的現象就會被逐步接受，並引發其他人視為理所當然，最終擴大成更加嚴重的局面。

與破窗效應相對概念的「小花理論」則是出自教科書的故事，述說一個生性邋遢的人，個性慵懶造成環境凌亂。某天收到了朋友的一束鮮花，因為想要靜靜的欣賞花朵，便找出塵封已久的花瓶將花朵供養起來。但桌上凌亂跟花朵不協調，因此開始收拾桌子、整理房間，最後看到鏡子裡面的自己後覺得需要梳洗，一束花讓他整個環境與人都美化了。許多人拿小花理論來激勵自己整理或是形容改變人生的心靈雞湯，但真的是這樣嗎？我們真的改變了這個世界？還是被這個世界改變了呢？如果一朵花就可以建立一個乾淨的環境，那為什麼人類需要經過這麼多年的演化，還無法讓環境乾淨呢？或者說是人類其實一直在破壞這個自然呢？我們需要承認，破窗效應是真的，人類比起自己想像的容易沉淪。而小花理論是故事，是人類想要說服自己的激勵說詞。這也是為什麼變壞很容易，但要從一個混亂走向秩序的生活需要學習。如果我們一直無法理解自己，就會出現許多的情況讓我們經驗，以便理解自己，可能是混亂的環境或者是混亂的人生。

若我們無法理解這些混亂、無法知道身邊的每一個點滴都是自身的投射，並濫用控制的權利去強力矯正，那就會容易陷入整理潔癖的陷阱當中，外表乾淨但卻把殘破（破窗）下沉到了心裡。就像是以為自己是光，但其他人不是光，用自己的恐懼來掩蓋追尋的真相。

真正的光，涵納所有。想要去除這個世界上的不乾淨、不整齊、雜贅廢，都只是以為自己是身為世界一隅的小螺絲釘所產生的恐懼，放下那些想要越界的占有之心，我們才能夠知曉自己的心。整理沒有不好、潔癖也不只是疾病而已，問題在於這樣的行為反應出我們的內在需要看見什麼？

比物品更重要的，是使用物品的人

在我們進入「人生模擬之旅」的任務及「相對應的物品」整理之前，我們需要先規劃進行的步驟。只有符合你自己的所想、用自己的「舒適」，才能夠真實的建構跟自己相關的情感範圍，然後組成你自身，並成為你對自己認定的價值。我們所使用的東西、環境是混亂還是整齊，只有你自己才是最重要的決定者。

人生整理課的自我評量表

Q1：你適合「一次性整理」或是「分段式計畫整理」？

請思考你的個性、習慣以及生活的行程，許多人因為崇尚 Before/After 前後對照的大改變，常常選擇一次的大整理，卻沒有考慮到自己的時間與體力。沒有方向性的整理容易只是把東西胡亂一丟，或是把物品從左邊移到右邊的乾坤大挪移，但終究無法決定去留。還有些狀況是，整理到一半沒有心力收尾，反而更亂了。若選擇分段式的計畫整理，是否自己可以按部就班堅持到最後呢？或是計畫趕不上變化？回想一下，那些你曾經整理出來需要捐贈、送出的物品是否還堆在家中的角落呢？

花一點時間，靜下心來，拿出紙筆寫下：

一、你每次可專注整理的時間長短？以每30分鐘來計算，例如：30、60、90……

二、你每次需要休息的時間長短？以每10分鐘來計算，例如：10、20、30……

三、是否有干擾整理的狀況？例如：家人、寵物、臨時的工作……

四、通常如何去應對這些干擾？想想看，是否有其他新的方式？

Q2：找出你適合從「常用」或「不常用」的東西開始整理？

有些人對於「不是當下需要使用」的判斷力較佳，而有些人是「當下已經在使用的」判斷力比較精準。請簡單做個測試：你打開衣櫥，閉上眼睛想著你現在馬上就要離開家裡、去旅行或臨時出差，不知道要去多久，不知道去的氣候如何。但你需要規劃攜帶的衣物，只能有十件[19]。然後開始挑選（請在Q1所寫，一次「整理的時間」內完成），挑選完之後，仔細觀察你選的這十件，對你而言有多少是最常用、有多少是不常用。請在紙上寫下這十樣物品的「品項」「常用或不常用」「記憶中上次使用的時間是？」，然後寫下為什麼自己要帶上它們。

Q3：找出你適合從「最多數量」的東西開始，還是「最少數量」的東西開始？

19 請注意：是物品個數，內著類或圍巾都算各一件。

請依據你看到這段話的第一直覺，寫下：最多／少。

綜合以上的自我評量，請將這張紙貼在你即將要整理的衣櫥上，每次進行時請再次確認或修改，這樣你就可以在每次的練習及進行當中找到自己的規律。然後，依據接下來的四個物品位置，移動這張「自我評量」來提醒自己。後面實際動手做的章節，會說明如何使用這張「自我評量表」在每一類的物品上面。當你每次開始進行整理時請先觀察自己身體[20]的狀況，是否有哪些地方特別的緊繃？也可以從不舒適的部位會接觸到的物品項來進行整理。

我們藉由重新「建構[21]」與物品的關係，看見隱藏在生活中那些散落的片段。不是丟東西、也不是斷捨離，而是不追求不屬於自己的無中生有。從你原本已經有的物品上面，找到可以被分析、解讀的脈絡，並拆解那些背後的故事及形成的原因。不用想著一次就抵達終點（全部整理完）或執著於完美，而是享受每一段的春夏秋冬、每一個與物品相遇的過程，才是完整。最終，我們會找到屬於自己的生活方式與步調，與每一個物品之間平衡的定位。

大部分的人已經被這個世界養成「快速有成效」的模式，少了等待的耐心以及觀察微小事物的細心，重複著過去成功的經驗，或全部打掉重練的行為……這些都變成新的迷信，是一種視覺上的幻象。「如果可以重新再來一次，應該有多好？」這樣的遺憾，若遇上了整理這件事，可能就會極致的追求某些感受，例如：表象上的物品稀少或模仿這個社會所認定的漂亮居家。

真正的整理，是讓「自己專屬的特質」搭配「當下適合」且「相對應需求」的物品。

唯有願意往內探尋自己深層意識所產生的變動，才能夠成為自己。重新審視雜贅廢的人事物，讓它們去應該要去的地方，讓你跟萬物合而為一。

---

20 特別是身體上的脈輪。脈輪分布在尾骨到頭頂的中樞神經上：第一脈輪為海底輪位於「會陰處」，第二脈輪為臍輪（生殖輪）位於「脊柱末端」，第三脈輪為太陽神經叢位於「腹部」，第四脈輪為心輪位於「胸部」，第五脈輪為喉輪位於「喉部」，第六脈輪為眉心輪（三眼輪）位於「雙眉間」，第七脈輪為頂輪位於「頭頂」。

21 建構是建築學用語，原義為建築起一種構造，而後衍生為文化研究、社會科學及文學使用，建構著重於「系統的建立」。

買一丟一的迷信

許多人困在數字的迷霧中，用數量、表象作為基準來衡量自己是否符合這個社會期待的理想生活，並因此延伸「利己主義」來證明自己有在前進。例如：我只決定書櫃裡面有N本書、我擁有的數量規定在N以內。延伸出的行為模式為，買一丟一（買一個丟幾個的規定），用擁有多少來證明有在做整理這件事。事實上，所有的極簡主義、減法生活、零雜物、零廢棄的整理之前，大部分的實行者過往都是擁有很多物品的人。當體驗過「擁有過多物品」時，就能理解並知道適當數量物品的重要。

幾十年或幾百年前的人們，擁有、需要或想要的物品比現代人少了許多，除了當時的物質發展較少外，不代表他們擁有的物品就稱為「少」或「極簡」（當時可能沒有這個概念），而只是符合那個時代的使用需求。我們需要理解的是，自己是否可以舒適的使用、清潔、保存，然後才是擁有的數量。珍惜當下所擁有的，而非追求用更好的來替換現有的物品。我們是否可能遇到更好的，然後想要放手現在使用的？當然，往更好、更佳的方向前進，是生物的本能。重要的是，我們不是以「想丟棄現在所擁有的」為前提，而是感恩、善待現在所使用的，一直到宇宙的流動推著我們走向新的相遇。

生活中，與買一丟一同樣的「記錄與播放」可能變成：反正我現在還沒找到更好的工作所以就在這個公司上班，如果有更好的我就會跳槽。反正我現在還沒找到更適合的真命天子／天女，所以就跟這個人湊合著過，如果遇到更好的人我就會跟他分手。這樣的騎驢找馬心態，有可能尋覓了人生的大半時間都還沒找到更好的。這，也是殘影下的誤解。我們是否理解現在所擁有的已經是最好、每一個相遇都是必然，然後回到內心、願意真誠的感謝身邊的人事物呢？

同樣需要去思考，這樣的慾望來自於何方？如果你真的很想買新東西，為何不把想花錢的能量投注在捐錢給慈善公益團體呢？你所付出的金錢，成為了無形的愛，去到了可以當下使用的人身上，而你自己並不會增加新的物品，也不用丟掉物品來掩飾自己購買了新的東西。如果你真的很想換工作，那你為什麼不多充實自己呢？如果你真的很希望身邊的人是真愛，那你為什麼不多花時間，好好的發掘對方的好？每一個人都是對的人、每一個工作都是對的工作、每一樣物品都是對的物品，只是我們是否能夠看見對方的好並一起前進呢？在這個宇宙裡，身邊的人事物都是為了讓我們學習而來，是否一起往前取決於互相的功課，而不是忽略、丟棄、隨意的對待對方，並期待更好的奇蹟發生。當我們能夠理解，對方就是我們自己，這個世界的所有都只是反映我們自身的內在，我們才能夠真的理解「利他主義」。

注意自己的起心動念，不只是嘴上說著，而是要觀察每一點一滴的行為模式。事實上，「利」本身就是帶著刀的雙面刃，不論是自己或是他人，都只是在追求好處（利）。當我們願意開始與萬物共振，所有的自己與他人將不存在，那就是我、也是我們。當我們與宇宙相連，就不需要二元分化的好與壞，沒有他人、也沒有自己，沒有利己、也不存在利他，甚至連幫助、公益都沒有。

你說：「可是我真的很想買一丟一啊？」

我說：「沒有問題，每一個人都有自己的選擇。而我只是分享這個行為背後可能的原因。買一丟一也許可以變成買一捐一？讓舊有的物品發揮最大的效益，讓它們去到現在可以再被使用的地方。」

你說：「可是我沒有辦法把購物慾所使用的金錢拿去捐給慈善團體。」

我說：「沒有問題，你本來就可以做自己想要的選擇。人生整理課從來不是要改變你，而是讓你看到更多元的面向與思考方式的可能性。」

你說：「那我把想要購買物品的慾望轉向購買體驗好了？例如：上課、旅行、看電影、吃美食。」

我說：「沒有問題，因為這是你的人生，你才是最重要的決定者。但是購買有形的物質與購買無形的經驗是否都可能成為一種執念呢？東西少、經驗多，東西多、經驗少，這似乎都只是在說服自己，我擁有了什麼！」

其實，不論是想要、需要或是羨慕而被外在驅使購買了物品或體驗，那也只是生命的經驗，而不是過錯。衝動購物、壓力購物都只是自身尋找平衡的方式而已。一直想要購物的情緒其實也是一種創造的原動力，從來都沒有不好，而是我們怎麼使用它。那些你無意識間購買的物品，在你獲取的當下可能就完成了它們自身的使命。就讓「未被翻牌的嬪妃」們可以回到他們自己的家，讓閒置未被使用的物品去旅行。然後，你自己擁有了真正的空間，而離開的人事物擁有了真正的空間。

這個星球的天空，有著二種不同的景象。對應著炙熱的太陽，涼爽的月亮，讓人類明白了休息的重要性。每次的休憩、睡眠都是讓靈魂回到本源的時間，而我們的物質身體則被床穩穩的承接住，它們協助人類修補自身的能量。床可能是我們會使用到最多次，且自己不一定是擁有者的物品。人在無意識之間使用的時間最長，而床在安靜的時間當中、為我們記錄了夢境，在激情的時間當中，為我們記錄了原始的衝動。

就像是曾經住過的母親子宮，那些在我們之前的血脈、在我們之後的預言，從人類出生到地球以來，就讓這樣的行為模式帶到了每天的睡眠當中。所以，我們每天也會不斷的重生、藉由理解「無意識」的自我行為，看見重複播放的畫面。然後，在謙卑之中、在無時間裡，看見我們自己是誰。

我就是你，而你也就是我。
我是我使用的物品，而我也是創造了這個物品的人。
我與我的身體，腳下踩的地、頭上的天空、呼吸的空氣，沒有分別。
我創造了這個屬於我自己的宇宙，
我是一切，一切是我。

chapter 2.

白天的自己

Clean mind

衣類物品是白天的自我表達，也是我們自身對於「我（自己）」這個概念的認知，是對於這個世界的探索，也是個人價值的信仰。「白」指的是陽光，日出而作、日落而息，因文明的發展，現在的人們的生活時間變長，即使在夜晚也有人在工作。人類活動所穿著的是衣類物品，它們替代「被毛[1]」功能，像是動物身上的獸毛、羽毛，會隨著環境、溫度及季節（時間）進行更換。就像是，覆蓋在身體上的毛髮一般，應該是不緊繃、可以讓身體的「氣」循環流動，讓皮膚的油脂、汗液可以藉由衣物被吸收、便於清洗，並讓自然的風透過衣服與人類做交流。

動物會自然的讓不需要的被毛剝落，但人就需要運用「腦部發展」而成的智力，來學習清理與整理所擁有的物品。再加上演化而成的服飾概念，除了群體所需的「社交」，還要考慮到與自然一體的「共生」。「選擇（購買）」「保管（收納）」「運用（穿著）」衣類物品就成為人類對於自身與外在社會，及自然共生取得平衡的學習，定期主動清潔（保養與清洗）與整理（歸位及汰換），就像是藉由物品來檢視靈魂上的課題，看見那些散落在生活片段中沒被看見的訊息。

白天的自己不只衣類物品，我們也會穿著鞋、帶上包，行走於天地之間。如果我們要討論人類的活動，衣服、鞋子、包包則可歸類為相同的思考概念。而夜晚的自己所代表的床類，則將衣、鞋、包中間的隙縫用思緒相連在一起。因為我們都是在清醒與沉睡之間不斷變換……你怎麼知道現在是醒著？還是在夢境裡？又或者整個世界是一場巨大的夢呢？建構自我價值的衣、鞋、床、包，每一個心念都是環環相扣。

人生整理課的「衣類物品[2]」分為以下：（以個人為例）

一、使用目的：

1 內著類	貼身內褲及內衣（包含有罩杯的上衣）、內搭衣褲、布類製成的生理用品，例如：布衛生棉、布尿布

1 「被毛」指哺乳動物類，在外層的表皮上會角質化形成一種覆蓋身體的結構組織，主要用來調節寒暑的變化、保持體溫。

2 衣類物品，在本書描述時會依據語意而使用「衣物」「衣服」「衣著」等字詞。

2 居家類	居家服、睡衣、浴袍、打掃服、廚房圍裙
3 外出類	日常生活所穿著的一般衣物
4 正裝類	制服、工作服、西裝、套裝、晚宴服、禮服
5 特定需求類	•氣候衣，例如：雨衣、雪衣 •健康用機能衣，例如：孕婦裝、哺乳衣、塑身或矯正衣、束腰 •運動用機能衣，例如：泳衣、舞衣、瑜珈服、登山裝 •產業機能衣，例如：農作服、捕魚裝 •民族傳統服裝 •儀式用衣，例如：宗教服飾、結婚禮服、喪服 •變裝及表演服，例如：節慶用服飾、情趣衣物
6 衣物配件	使用於身體不同區塊，通常會接觸皮膚或覆蓋在衣物上，具「功能性」物品為主，不含純裝飾的飾品類 •帽子、頭巾、保暖耳罩 •眼罩、布口罩 •領帶 •圍巾、圍脖、領巾、絲巾、披巾 •袖套、手套 •肚圍、腰帶、皮帶 •襪類，例如：襪子、絲襪 •毛巾類，例如：浴巾、手帕

在衣物配件品裡，包含搭配「鞋類」使用的襪類以及「床類」使用的睡衣及眼罩，除了跟「自我價值」有關，同時與「內在情緒療癒」的面向部分重疊。「使用目的」的第1—3項是人類演化所需，而4—6項是社會化過程的產物。若是要培養孩子從小學習自我整理衣物時，可依據此順序協助練習整理（從1開始），並「歸還」保管代理權。而協助被照顧者（例如：因年老或疾病需要取捨）整理物品時，可由反向的順序（從6回推）開始「執行」保管代理權。若有「不穿著的紀念性衣物」則為「紀念品類」而非衣類，這兩者的振動頻率對人生的作用不同，通常不建議放在衣櫥裡面，請另外存放。另外，與衣著直接的相關物品為「衣物周邊」，屬於「工具類」。但因與衣類有類似的功用或使用上相關，所以會同時收納進衣櫥當中。例如：

- 收納用—衣架、衣夾、衣物收納袋、掛袋、掛衣桿
- 修繕用—針線、釦子、褲裙勾
- 修整用—清除毛絮、灰塵、毛球的簡易清潔用品

二、使用狀態：

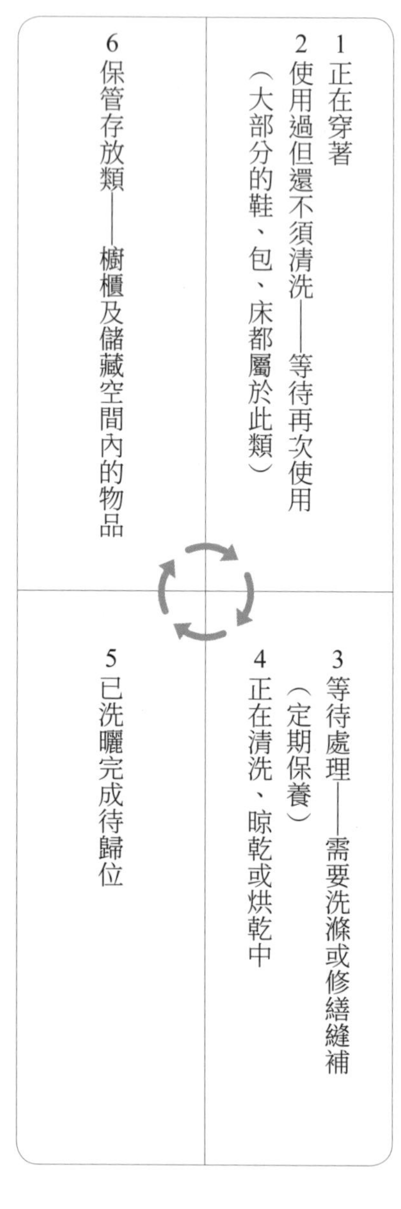

「準備處理的物品（回收、送出、捐贈）」及「他人的物品（包含借放或遺留）」不屬於自己。請寫入「待辦清單」內，集中置放在適合處理的位置上。並拉出界線，記得不要放在自己的櫥櫃內。

依據使用的狀態，除了衣櫥以外，我們也需要規劃「不同狀態物品」所放的位置及動線。西方傳統的房屋設計有泥巴間[3]（Mudroom），將外面穿回來還沒有要洗滌，預計會再次使用的衣物、鞋子與包包放於此區（或暫時存放來訪者的衣物），也被稱為「落塵區」。而在台灣許多人是習慣使用掛勾掛於房門後，若沒有固定放置的區域就容易散落各地。另外，洗衣籃、洗衣機、晾衣服的陽台、摺衣服的地方，這些位於衣服的櫥櫃以外的使用與維持，與衣服狀態及如何照顧自己有很重要的關聯。有了這些其他的區域所發生的清潔，才能夠讓衣櫥內的衣服是乾淨整潔的。

在使用時，與他人共用的生活空間須依據「分配比例」來規劃物品的放置區域，同住的嬰兒及孩童的衣物不是塞在大人的衣櫥空隙裡，請給他們有自己的專屬收納存放區（被照顧者亦同）。若沒有一起居住者，想借放衣物在你的居住空間內時，例如：未一起居住的伴侶、偶爾來借住的家人……須事先討論，並依據相關當事者合意（界線範圍內）的狀況下給出一個適當的單獨區域。要記得！我們沒有義務要把空間分給沒有居住在此地的其他人，而我們也不能用物品來越界他人的生活空間，每個借放都是自己與他人溝通的學習。

3 又稱汙衣櫃、一日衣櫃，目前也有融合門口鞋櫃的複合式設計。

三、物品型態：以手肘及膝蓋來區分長短

1 貼身衣物——上、下身
2 上半身——長短袖 3 下半身——長短褲、長短裙 4 連身、整套（上下一組）
5 外套 6 部分局部（搭配式）

每一個物品的使用目的、狀態與型態，交織而成的記錄與播放，將我們人生中的每一個瞬間都記載在物質內的振動頻率當中。衣類所對應的「陽」，讓靈魂的呼吸追隨著時間，看到「氣」所流動的空間。

第一節　國王的新衣

《旅人：國王》

在很久以前，有一位非常喜歡打扮外表的國王，經常穿著新衣服，但還是常常覺得沒有滿意的服裝可穿，國王覺得新衣服應該跟衣櫥裡面的不一樣，需要更有創意、更加時髦。有一天，城裡來了兩位自稱是裁縫師的人。

裁縫師說：「我們有特殊魔法，可做出世界上最美麗、最神奇的衣服。」

國王說：「到底是什麼樣式？怎樣特別？是什麼材質呢？」

裁縫師說：「它的色彩比花朵鮮豔，質地比雲霧輕柔，布面柔滑會發光。最特別的是只有聰明人才看得見它。」

國王說：「所以，愚笨的人就看不見這件衣服囉？」

裁縫師說：「是啊！這就是這件衣服的神奇之處。」

國王聘用了他們。不久之後，國王派出大臣們去視察衣服的製作狀況，並想由此測試身邊的人是聰明還是愚笨。去看製作過程的大臣們沒有任何一個人看得見衣服，而裁縫師又不斷地在旁邊說明衣服花紋有多麼的美麗，讓大臣們以為只有自己看不到，因此害怕並紛紛說謊話：「從來沒看過這麼美麗又奇特的布料。」當裁縫師向國王獻上「新衣」時，國王也以為只有自己看不到，並為自己的不聰明而感到懊惱。

裁縫師說：「陛下，您身上的衣服實在是太醜了，請快脫下來，讓我們為您穿上這件漂亮的新衣吧！」

因此，聽了裁縫師如此說的國王，就把身上的衣服一件一件的脫下來，最後只剩下一條內褲。並由兩位裁縫師們的協助下，穿上像羽毛一樣輕盈的新衣。

國王說：「大臣們，我穿這件衣服是不是真的很好看？」

大臣們：「（異口同聲地讚美）好尊貴的衣服，陛下您穿起來真是適合。」

國王賞賜了兩位裁縫師許多金幣，並穿著新衣走出了皇宮出巡。這個時候，所有的人看見的，是一個脫得精光只穿一條內褲的國王，但沒有人願意承認自己看到的畫面，因為害怕被別人發現自己不夠聰明。就在這個時候，一個小男孩從人群中跑出來，指著國王。

男孩說：「國王沒穿衣服，不怕感冒嗎？」

此時，眾人才發現原來「新衣」是一個謊話。而裁縫師們已經不知道去向何方。

參考資料：安徒生《國王的新衣》

《國王的新衣》是十四世紀流傳於西班牙的民間故事，後來被丹麥作家安徒生改編寫成童話，也是我們常聽到的版本。原本的結局是國王發現被愚弄，也知道自己沒有穿著衣服，但還是繼續出巡。而後期部分版本改編為，國王嘉許那個說出真相的男孩，並決定不再愛穿新衣服，做個勤政愛民的好國王。有些結局稱裁縫師們從國王那邊騙取到的金幣會分給窮人的說法。其實，那件神奇的衣服，可能就存在每一個人的衣櫥裡面。有些是看得到的，而有些是看不見的。它可能是被稱為雜物的其中之一，或是殘影現象的產物。

沉默、從眾、多數無知

當我們落在這個地球上，擁有「身體」之後，「靈魂」就不斷的嘗試如何生活，如何成為一個人類。而我們學習的對象，就是身邊的所有人事物。在孩童的時候，咿咿呀呀的想要跟這個世界表達自己的想法，並在每一次的經驗中、從周遭的反應開始學習如何溝通。一般認知的「溝通」，大多數都是向外，通常是指人與人之間。從父母、兄弟姊妹延伸到學校、工作、伴侶。同時，人類的向內溝通，開始沉默了起來。**我們向外在尋找那些失去記憶的片段，想從外在看見自己是誰，所以搜集看得見的物品與看不見的體驗。**服從了外在的大多數意見[4]，事實上，從來沒有真正的多數，而可能是許多「沉默的大多數[5]」。那些過往沒有被滿足的需求，讓我們誤以為自己的想法都是群眾中的少數，所以保持沉默、跟隨外在，漸漸地忘記自己真實的聲音。在網路蓬勃發展的時代，過了西元二〇〇〇年後，從封閉、區域限定式的社群媒體（例如：BBS、Blog）開始轉往無國界的全球網絡（例如：Facebook、YouTube）。在千禧年時沒有出現大蟲破壞電腦，但資訊的確像蝗蟲一樣的在全世界蔓延開來。

每天在網路上出現的訊息，是以往人類每日獲得資訊量的百倍、千倍、萬倍……持續增加中。外在的聲音越來越多、人類消化資訊的時間從以往的「感受、沉澱、反思、應用」轉變成「只看標題、重點筆記」，想要求新、求快、又求多。以為看了許多後就覺得自己是專家，卻落入了「從眾效應[6]」的陷阱，我們以為看了許多、自己就思考了許多，但我們真的有好好的思考嗎？還是在不自覺中交出了獨立思考的能力？

你說：「我覺得我有在思考，而社群媒體提供了我很多快速、便捷的方向。」

國王說：「我也覺得我有在思考，但我以為我自己是沒看見真相的那個人。」

我說：「其實，我們從來都沒有看見真相。這個世界只是『想要如此被看見』的人們，所擺設出來的布景。」

---

4 大多數意見又稱「多數決原則（Majority Rule）」及多數統治，也是常聽見的「少數服從多數」，指當群體處理、決定事務時，採多數的意見為之。

5 沉默的大多數（Silent Majority）為政治術語，指群體內不表達自己意見的大多數人。

6 「從眾效應（Bandwagon Effect）」又稱為羊群效應（Herb Behavior），指人們受到多數人以及外在的煽動的影響，而跟隨著行動。

人對於資訊的消化能力，每個人都有不同的限度。而現在我們打開手機、電腦一滑，裡面的文字、照片、影片以及夾雜的廣告，並不是讓我們擷取資訊，而是讓我們被資訊洗腦。人們會以為傳播媒體上的內容代表多數人的想法，以為觀看、按讚、轉發次數多的就是這個世界的大多數，但也許我們只是被大數據（Big Data）餵養的一個小螺絲釘。每天都會有不同的專家告訴你應該要怎麼做，每一個人似乎也變成舞台上的表演者，急著把每時每刻的大小事分享給其他人。

你說：「我只是想分享給我的親朋好友看而已。」

國王說：「大家都想要展現自己的新衣啊！」

有趣的是，每個人都想要有自己的隱私，卻又喜歡把所有的生活暴露給全世界的人看？這些在網路上展顯的是真相？或者是被美化過的故事？我們其實並沒有真的接受外在世界給我們的侷限，但我們卻又在不自覺之間跟著外在的規則而行。沒有人是多數且知道的人，大部分的人都寧願成為多數無知（Pluralistic ignorance）——每個人都認為其他人也這樣做，所以每個人都相信。跟隨著群體，把價值、審美、是非放在了眼睛被遮起來的人群中，卻以為自己跟著走的方向是對的。當我們不了解自己，就會向外找尋自己，想要去除那些干擾自己的雜物。事實上，這個世界都是在記錄與播放而已，不同的人事物、產生了不同的狀況，但其本質都是相同。

我們做的每一件事，都是在找尋自己。

物品是靈魂在找尋自己途中的指引，是散落在物質世界的光，是人生的碎片。我們真正需要穿在身上的衣物，其實是向內尋求自己的過程。是謙卑的答案，也是看見自我真相的途徑。

認同的標籤

在皮膚外面的衣物，是我們所認同的信仰。人類用物品來展現自己所擁有的標籤，用服裝風格來代表自己的形象。其實，**衣服的真實目的是用於「支持每個階段的任務」，是人身上「生命之氣」的延伸**。如何藉由穿著衣服讓自己——身體的需求與心的流動、靈魂的觸角可以共舞，就是我們從細節裡可以觀察到並學習的。

很多人購買衣服的原因是「想要成為這樣的人」，把自己的身分認同、觀念透過衣服來表達。但，物品就只是物品，衣服從來就不能夠取代我們本身的價值，它們只能協助使用者，在生活的路上成為支持的力量。在我們自己有意識之前，人類對於衣服的認知早已被外在的意識形態所影響。像是物品的「顏色」跟性別或婚喪喜慶有關，「圖騰」（現代社會則演化為品牌LOGO）跟身分地位有關，「樣式」可能跟流行趨勢有關，「形象」跟工作地位有關。另外，在傳統服飾內還保有用衣物的裝飾樣貌來宣告一個人是否成年，而宗教活動所穿著的衣著，也代表著自己所認同的群體。

在西元二〇一二年開始的整理風潮，讓許多人選擇精簡衣物，追求只需少量的N件衣服的生活模式，在這其中以美國部落客珍妮佛．斯科特所寫的著作《向巴黎夫人學》系列，造就了「法國人只需十件衣（書內原標題：十件精品衣櫥）」的流行，許多人嚮往著優雅、精緻的法式生活，想要從衣櫥裡面精簡物品就達到這樣的效果。但生活從來就不是我們把衣服丟掉，就會變得簡單，人類很容易看著外在被推崇的價值觀，卻沒有好好地問自己是否真的適合？在整理風潮之前的時代，每個人不斷的購買新衣服，想用實體的物品來告訴眾人自己的身分。而現在許多人又想不斷地丟掉衣服，想用非實體的畫面來宣告自己空間的秩序。人類潛移默化的模仿這個世界的風潮、穿著與行為模式，卻沒有發現到，我們都在這個龐大的人類家族裡面，被無意識的「業」拖著走，我們所認知的、所做出的，從來不只是單純的在這個現在。

當我們沒有覺察，就容易重複著過往的模式。所以，什麼才是自己真正想要的？你穿著的衣物代表了你，還是你本自具足，而衣物只是錦上添花的讓「光」可以具象化的披在你的身體外面？**比外在之物更重要的，是穿上衣服的你，而不是別人。**這些在人類身體外面的衣物，是因為被使用了，才產生了價值。

你，是唯一可以決定那個價值的人。

因為，這個世界的所有人事物，都是為你而來。

衣櫥裡面的怪物

孩童時期，許多人有同樣的記憶。害怕衣櫥裡面的東西，那個又黑、又龐大的家具裡面，似乎藏著什麼會把自己抓走的怪物。而打開衣櫥後，裡面好像又會出現另外一個世界，可能是充滿著魔法的探險之路……你有沒有想過，為什麼收納衣服的地方，會有這麼多的故事？

你說：「是不是因為收納的空間大，所以可以藏著祕密？」

我說：「也許是因為……衣櫥裡面收納的物品，正在記錄與播放著使用者每天的記憶。」

英文諺語「櫥櫃裡的骷髏（Skeleton in the Closet）」是用來形容關於某個人不為人知的祕密，可能是疾病、家醜、謀殺或難以理解的事情，而這個祕密若被他人發現可能會造成負面觀感，就好像是在衣櫥裡面發現屍體一樣的震驚，因藏得太久屍體還變成骷髏。若將這個說法延伸到性別議題，當有人表達自己為非異性戀者時，稱之為「出櫃（Coming Out of the Closet）」，裝著衣服的櫥櫃又成為了隱私的譬喻。收納物品的衣櫥[7]，充滿了恐懼、魔法、冒險、祕密及隱私。

國王說：「我常常覺得衣櫥裡面的衣服，穿不出我的好看。」

我說：「是衣服穿起來不好看，還是你認為自己不夠好看？又或是，你認為自己沒辦法符合別人認為的好看？」

衣櫥裡面真正的怪物，其實是我們對於自身的恐懼、找不到自己是誰的無助。而衣櫥裡面的魔法與冒險，來自於我們想要突破現狀的嘗試。還有，衣櫥裡面的祕密及隱私，是我們自己冰山下的多重人格。所以，衣櫥裡面的衣物，延伸了這些感受。不論你的服裝是怎樣的造型或是別人認為的特殊裝扮，甚至是充滿了許多這個世界還無法理解的物品，那都是屬於你自己的私領域。沒有必要把櫃子裡的祕密翻給別人看，除非你願意。

但，那些散落在衣櫥以外的衣物，才是我們需要討論的。

人生整理課的黃金法則之一：「界線」。**在相對應的「區域」，放置相對應的物品。**

7 衣櫥內除了衣服，也有人收納鞋子、包包、床類寢具。

所有「沒有被歸位」到衣櫥內的物品們，是散落各地的「你自己」。那些堆疊在椅子上、床上、掛在窗沿上、放在地上，不論是乾淨的、需要清洗的，或是晾在陽台應該要收回衣櫥裡的衣服、鞋子與包包[8]，分散了你自身的生命之氣。他們就像是停滯不動的能量，拖拉著你自身的思緒、靈魂與注意力。這些沒有回到衣櫥裡面的是你過去的殘影、不屬於當下的故事，也是住在童年時期的怪物。

許多的人隨意把衣服脫在地上、任意踩踏，而衣服就記錄與播放著「不被重視」。當很多人不知道為什麼自己的自尊、自信不夠時，有可能就來自於自己這樣對待，代表自己個人價值的衣物。又有許多人將衣服堆疊在椅子上，然後自己坐在其它地方，讓衣服、椅子、身體都沒有在各自的定位，而物品就開始記錄與播放著「混亂」。所以，生活中可能就開始出現拖延、忘東忘西的情況。還有更多的人將衣服堆在床上，跟洗好未歸位、穿完等待清洗的衣服同床共枕，讓自己與內在休息交流的時間與空間被占據。讓那些附著在衣物上的記憶、情感與自己的潛意識喋喋不休、無法放鬆，並讓「不請自來的訪客（例如：跳蚤、塵蟎）」侵門踏戶。

當物品沒有在應該被定位的地方時，就像是走音的樂器。這也是人們覺得混亂的原因，來自於風水失衡的提醒，生活的空間裡面充斥的太多的過去與未來，而不是「當下」。許多小孩童年時期所害怕衣櫥裡的怪物，是來自於「未知黑暗」的恐懼，而當這些未知在生活中的「每一個當下」沒有被理解時，它們就變成混亂的物品，來提醒著自己。每件事情發生的此時此刻，需要自己從頭到尾、全神貫注的將它完成。衣服從來不是自己變亂的，也沒有人跑來你家把東西弄亂，我們必須要承認，都是自己的所作所為，讓過去沒有完成的體驗，變成了現在看到的懶惰、麻煩與囤積。

我們需要鼓起勇氣，對著那個跑出衣櫥外的怪獸，說：「You cannot Pass（你不能通過）」，過去的事情需要用自己的力量去完結，那些散落在家中的「你自己」，需要被現在的自己好好的看見。整理自己的物品，就像是跟過去的自己對話，我們藉由讓物品回到它應該要去的地方，來整理自己的狀態。需要清洗的衣服放到「洗衣籃」內等待洗滌、需要晾乾的衣服從「洗衣機」拿出晾乾，曬好的衣服從「晾乾處」收回櫥櫃內，而櫥櫃裡的

8 包含散落在門口鞋櫃外面的鞋子、亂掛在不同地方的包包。

物品，可以分門別類的放好。這一過程，是生命之氣的流動，就像是日常生活中的舞蹈——讓每一個步驟，接著另外一個動作。沒有特別的困難，需要的只是今日事今日畢。這即為，當下是否可以面對及處理生命中出現的事務。

我們所擁有的衣物，上面附著的情緒與記憶，就這樣透過我們自身的反芻——使用、清洗並歸位。**我們藉由對物品「清潔」來回到自己的內心，讓無法幫助到自己的能量得以離開。**「You shall not Pass（你不能通過）[9]」除了當下，其他的都是幻象的產物。而跑出衣櫥外的怪獸，只是提醒著我們自己，回到「自己的位置上」。

物品的七宗罪[10]

國王說：「我聽說，現代人類的衣櫥裡面真的都藏了骷髏，比怪物可怕多了。」

你說：「怎麼可能!?」

我說：「的確，許多人把謀殺的祕密藏在裡面，蓋上耳朵不願聽見它們的哭泣。」

這些穿著在人類身上的衣服、鞋子與包包，還有睡覺使用的物品，是傷害地球的最大汙染源之一。在物品快速產出、樣式多變的時代，快時尚所帶來的風潮，讓更多的物品被製造、購買、囤積與丟棄。而為了符合這些大量的消費模式，不但造成地球與生靈的傷害以外，人類也同時傷痕累累。

消耗自然資源

罪狀一：過度使用淡水、汙染水源以及破壞海洋生態

在世界上最普遍使用的天然纖維「棉花」，是一個比其他植物需要更多水的經濟作物，從種植棉花、織成布、染色到完工，平均一件純棉T恤的耗水量可以讓人類飲用約兩年半。而紡織物的染色、皮革的加工樣式，也需要大量使用水資源，並產出含有大量重金

9 參考資料：「You cannot Pass」「You shall not Pass」出自《魔戒首部曲：魔戒現身（The Lord of The Ring: The Fellowship of The Ring）》當中，灰袍巫師甘道夫在橋上阻擋炎魔的台詞。

10 「七宗罪」是天主教對人類原罪內不道德的行為或習慣的分類。在人生整理課當中，引用說明人類在物品製造、消費、丟棄時所產生的惡行。

屬與化學藥劑的廢水。許多非法廠商在世界各地、特別是在第三世界國家所代工產出的時尚物品，有可能直接將廢水倒入河流及海洋中，也汙染了地下水。時尚革命（Fashion Revolution）創始人兼創意總監 Orsola de Castro 說：「你能夠從當地河流的顏色得知這一季服飾的流行色[11]。」而布料中的「人造合成纖維」也會跟著每一次的洗滌釋放出塑膠微粒。常見的有：聚酯纖維（Polyester）、尼龍（Nylon）、壓克力纖維（Acrylic），其他還有聚酯與棉花合成的混紡棉（T/C）等[12]，通常用於製造成保暖、吸水快乾的刷毛（Fleece）、珊瑚絨（Coral Fleece）、仿羊毛等，包含貼身衣物的彈力纖維（Spandex）、萊卡（Lycra）。

罪狀二：汙染空氣

低廉便宜的物品，通常由人工勞力成本較低的國家製作，這些地方大多缺乏原料，需要從其他地區運送，製造完成之後再分派到全球各地販賣，加上網路購物以及拋棄舊衣給第三世界國家等過度的跨地運輸，造成了因交通所產生的大量碳排放（碳足跡）以及懸浮顆粒（Particulate Matter, PM）。而這些物品中的人造合成纖維（石化材質），在開採原料石油時會將地底的碳化合物釋放至大氣中造成地球暖化。製造過程中的合成染料、化學物質、塑膠微粒也會揮發到空氣裡，進而被人們吸入或透過皮膚被吸收。

此外，你知道嗎？許多品牌都有焚燒全新衣物的紀錄，可能是不願意低價拋售，也可能是滯銷不賣的庫存，而大量被拋棄來不及再利用的舊衣也是直接焚燒，這樣的行為可能會產生有毒氣體。焚燒衣物所產生的火力發電可能又會繼續用來製造商品，變成了一個龐大的污染循環鏈。

罪狀三：破壞土壤及過量砍伐樹木、影響植物原始生態

棉花除了消耗水資源外，也比其他植物更需要農藥與化肥。隨著時尚產業的快速增長，需求量變大，傳統的棉花產業開始資本工業化，為尋求快速生產，殺蟲、殺菌、除草

11 參照二〇一七年加拿大紀錄片《藍河（Biver Blue）》，一般稱為「牛仔」布的丹寧（Denim）材質會經過染色、水洗、做出褪色感的靛藍色，是水資源汙染及浪費最嚴重的布料之一。

12 每家廠牌、每個國家的標示都略有不同，建議翻開衣物的標籤（洗標）確認材質欄位。

的化學藥劑不斷加重，讓棉花田的微生物、蟲類、其他植物死亡，也造成土地、鄰近河流與地下水源的污染。大量使用的灌溉用水，長期下來讓內陸的湖泊逐漸枯竭，造成土地酸化、鹽化，變成無法種植任何作物，進而影響周遭環境的生態。

若是使用基因改造的種子，也會破壞土地與周遭生物的多樣性。目前製造衣服的基改作物有：棉花（BT棉）、亞麻。而衣服的人造材料中，被稱為再生纖維的嫘縈（Rayon）又稱人造絲或人造棉、黏膠纖維（Viscose）、莫代爾（Modal）纖維，是取自快速生長的再生樹木或竹子、大豆、甘蔗等植物的纖維素或木漿，為了有更好的產量，許多生產者會破壞自然棲息地，砍掉大片雨林來種植這些經濟作物。常見的天絲（Tencel）材質又稱溶解性纖維、萊賽爾（Lyocell）纖維，所使用的原料大多是取自古老原始森林、雨林或瀕臨滅絕的樹種。雖然有些大品牌已經開始進行可持續林場的永續循環，但還是有許多濫砍濫伐的狀況。須取得相關認證才能證明所使用材料為真正的環保材質。

此外，以掩埋處理的舊衣、舊鞋、舊包、無法再使用的床墊，有太多的複合式材質，需要數百年才能降解。而我們認為的真皮（動物皮）其實都是經過加工鞣製，千年都不會腐爛。別忘了，這些物品上面。可能還殘留有毒化學物質、重金屬，也因此滲透到土地中。

罪狀四：殘忍並傷害不同物種的生存權利、生態棲息地

以前可能用於保暖的動物皮草（Fur），現在已經變成財富的炫耀。許多種類的兔、狸、貂、鼠、浣熊被誘捕而集中飼養，在狹小的空間裡，面對恐懼、飢餓還有與疾病，最終被活生生剝皮製成人類所穿的皮草。不僅破壞動物原本的生態，這些動物毛皮都還需經過大量化學藥劑處理，也產生了可觀的汙染。另外，許多廠商為求觸感以及加強保暖效果，也會在人造皮草裡混入真皮草。還有動物皮所製成的真皮製品（Leather），像是牛、羊、鴕鳥、鱷魚、蛇、魚的皮經過特定加工而製成，有時候還會出現蜥蜴、大象、海豚、穿山甲等保育類動物的皮質原料。除了衣服，也大量用於製造皮包、皮鞋、皮帶、手套、棒球手套、動物皮墊（例如：地墊、瑜珈墊）及飾品。

同樣是保暖使用的羽絨製品（外套、枕頭、棉被），為了取得輕柔的羽毛，可能會活剝鴨鵝的頸、胸、腹部，任由傷口流血，等到長出新羽毛後，再次重演悲劇。廣受喜愛的羊毛，也因商業需求增加放牧過多，造成草場植被衰退（草原退化）。許多羊群也在大

量移動（商業活體運送）的過程中受傷及死亡，還包含不人道的粗暴剃毛及惡劣的畜牧環境。一般蠶絲（絲綢）製品是將蠶寶寶吐絲結成的繭拿去烘或直接丟入水中煮，相較之下，平面繭蠶絲則較為人道。而前述提及的水源汙染造成水中生物死亡，影響附近環境動植物的生存，以及在食物鏈中吃水生動植物的其它物種們。

放縱慾望

罪狀五：製造大量的廢棄物——過度製造與包裝

「快速消費」的模式讓新款物品的數量不斷增加，許多廠商為了吸引購買而增加許多華麗包裝。而快時尚原本以平價品牌為主，但現在許多產品在製造、銷售上面已經趨向相同的做法，常見的網路商店，也可能是快時尚模式的產業鏈。

據統計，美國一般人每天的日常生活垃圾有三分之一是產品外包裝，以及因網路購物運送所需的包裝廢料。而極簡主義、斷捨離、丟東西的風潮也造成了「過量丟棄」，其中不乏可用物資。在台灣每年約丟掉二億三千萬件的衣物[13]，而鞋子每年有一千萬雙被丟棄[14]。過量製造所產生的廢材（裁剪的布邊、角料）以及過季或賣不出的衣服也是汙染源之一。實際上，也曾發生過品牌商將大批沒賣出的全新衣物割破後當垃圾處理。

傷害人類自身

罪狀六：破壞社會責任——人類的生存權利

之一、非人道的工作環境：物品製作所產生的有毒物犧牲了供應鏈最下層的農民及勞工的健康。造成胎兒畸形、帕金森氏症、心臟病、中風、癌症等。也因相關的周邊環境、土壤及水源被汙染，當地區域的居民都有嚴重的健康危機，生活品質也因此下降。另外，加工製造的工作環境也時常擁擠、髒亂或是有建築的安全疑慮[15]。

---

13 資料來源：遠見雜誌二〇一八年一月〈新地球殺手 國人每分鐘丟四三八件衣服〉一文。

14 資料來源：TVBS 新聞二〇一六年十一月〈鞋子不能回收 台「鞋垃圾」年逾千萬雙〉報導。

15 例如：二〇一二年達卡大火、二〇一三年孟加拉國薩瓦區大樓倒塌事故。

之二、非公平貿易：為降低成本銷售，許多品牌存有剝削勞工、性別歧視及非法僱用難民及童工的狀況，在悶熱與高溫的惡劣環境中超時工作，可能還隱藏著肢體暴力及性虐待。有時工廠與勞工簽訂責任制而非時薪，利用預付薪水來綁住勞工的自由，甚至是政治介入強迫勞動，即便發現問題也難以脫身。懷孕不受保障，或因此失去教育機會的案例也不在少數。

這些不尊重人權而成的血汗勞工，是「消失的成本」，讓產業鏈的價格得以划算、便宜、平價被購買。另外，因為購買基因改造棉籽的棉農們，因負擔不起高額的權利金以及藥劑，造成貸款永遠還不完導致自殺現象頻繁[16]。而使用過基改種子的土地也無法改回傳統作物。

之三、市場壟斷：快時尚品牌的低價，讓許多廠商無法經營，造成資源及產業不均。像是製造衣服材料的棉花種子被特定廠商壟斷，即便有大量不人道的對待發生或生產端極度不環保，許多國家的政府也無法將產業抽離，只能盡可能的改善。

之四、商品的毒性影響人類健康：許多快速製造的商品品質經不起考驗、做工粗糙容易損壞，而材料及製造過程中的化學藥劑也會殘存在物品上變成毒素，經由人體的皮膚吸收，間接產生疾病、免疫力下降及降低生殖能力。而食物鏈的循環，人類也會吃入殘留在海洋生物、動植物身上的重金屬及塑膠微粒。這些汙染，都來自於你購買、穿在身上的衣物，而你的衣櫥可能內也充滿了揮發的化學品。

罪狀七：對於愛的喪失

之一、引發上癮：現今的銷售模式是便宜、多款、快速，容易讓人覺得現在不買就買不到，造成過多的購買。引發囤積問題，衣服多到隨地亂丟。

之二、過度浪費：購買的物品不打算長久使用，只要破損就直接丟掉。不愛惜物品，讓快時尚變成一次性時尚。許多人覺得衣服不夠穿、可能還在清洗或找不到就再買，間接也浪費了許多自然的資源及製造物品的成本。

之三、追求表象：只看外表不看內涵，想要更新、更快、更美，因此造成許多商品剽竊其他人的心血結晶。同時也造成了對於事物不深刻的理解，用回收舊衣的藉口來對自己說這是環保，以便減少罪惡感。事實上，把二手衣給其他人的再利用，只是自己對這個世界的彌補。

16 參照二〇一一年美國紀錄片《苦澀的種子（Bitter Seeds）》

之四、價值觀的偏差：只用價錢來衡量事物，貴的珍惜、不貴的不在意。只想追求CP值高的東西，卻不願意看見被壓榨的勞工以及破壞地球的成本，可能也因為不願意付出真實的價格而採取竊盜行為（包含購買仿冒）。

之五、謊言（欺騙購買）：有毒物殘留的不合格貨物，欺騙消費者是有機、無毒、環保材質製成的漂綠行為（Greenwash），或是虛假標示。例如：謊稱製造地、假認證、標示與內容物不符合。

之六、嫉妒：引發人類的互相競爭行為，用購買來炫耀、或用於展現優越。

物品的七宗罪是藏在櫥櫃裡面的骷髏，是來自殺戮地球萬物而得的便利生活，我們需要看見這樣的真相。因為，我們真的都是使用了這個世界的資源，還有許多生靈付出才能有現在的生活。沒有人是真的無辜、沒有人真的不殺生。我們需要好好的想想，並真心的看待面前所來到的物品。

國王說：「也許，我們都背負了這些罪孽。」

我說：「七宗罪若對照著每一個人的人生，你想到了什麼？」

放下濫用權力的傲慢，讓我們安靜的回到內在。

在使用每一個物品時，當願眾生。

愛美的權利

你說：「我聽完七宗罪之後，不知道物品到底是要留下還是丟掉？購買還是不要買？」

我說：「你還是可以送衣服去旅行，也還是可以購買新物品。每一個人都擁有愛美的權利，相同的我們也要付出愛美的義務。」

明白這個世界發生的事情，我們才能夠真的知道自己身上發生了什麼事。不看、不聽、不說、不想，只會讓自己被這個世界馴化，而不是真實的成為自己。我們需要傾聽內心的聲音，把外在的力量拉回到自身，人類不應該只在意外表的好看，也應該看見靈魂內的美麗。

我們的義務是「理解真相」。人類管理這個地球是為了學習智慧，而不是追求表象，我們透過生命中發生的大小事來獲取經驗，從中照顧自己、照顧萬物、照顧地球。如果穿你喜歡的衣服、妝扮可以讓你自己帶來力量，那就去做。但，你需要真實的理解，我們做出的每一個選擇、使用的每一個物品背後，有多少的生靈付出了他們的代價及生命？我們是否能夠讓這樣的傷害可以被平衡？或是讓真相被看見？我們是否真心誠意地給出相對應的感謝？

美，是一種哲學。是環境、事物、與人之間產生的「行為」或發生的「現象」以及相互交錯而成的「感受」，帶有特殊的意義與價值。美的動作或狀態即為使其變善、變好。真正的美麗，應該要包含著愛、慈悲與善良。我們不用追求外表的完美，也不用追求一定要全部符合自己道德標準才願意購買或使用，我們只要知道、理解，並在選擇的當下，擇善固執。當我們願意跟萬物相連，我們就會更有耐心與包容，把對方放入我們的心裡，開始願意照顧彼此，因為知曉我們都是一體的。

當我們活在當下、當我們真正的愛自己，你就會發現這個世界到處充滿了美。在清晨的葉片上、在孩童的酒窩裡、在認真專注的眼神內、或是河裡閃閃發亮的水波中。而我們身處於這個萬物欣欣向榮的世界裡，我們的每一點一滴都是在展現自身的美。**記得，不需要花盡全力想要成為「完美的人」，因為你本自具足，你的存在即是這個世界最美的風景。**而你身上的物品，只是為了讓你可以更加展現自己的幫手。每次穿上衣服、感受到舒適，就是把最好的自己分享給這個世界，這就是美。

因為你很美，所以衣服才因此被定義出了美。
真正的愛美來自於「真實的愛自己」，並開始從內向外的愛這個世界所有的人事物。

國王的新衣，還有另外一個版本。

兩位裁縫師提供特殊魔法，用來製作美麗的衣服。色彩鮮豔、質地輕柔並保證能夠在快速的時間大量完成，價格也很便宜。國王聘用了他們，用來製作自己的與臣子們的衣物，經過一段時間，裁縫師從遠地運來了製作好的服裝。國王與臣子看著這些美麗的衣服覺得眼花撩亂，款式種類目不暇給，紛紛換上了新衣物出巡展示。當走出皇宮，國王與臣子們馬上就發現，這個世界變得灰暗，空氣感覺混濁，河水的顏色也非常奇怪。這個時候，一個小男孩從人群中跑出來，指著國王與臣子。

男孩說：「國王身上有好多死掉的動物皮，而臣子們身上味道好奇怪。」

此時，眾人才發現原來「新衣」是一個謊話。那個特殊的魔法其實是看不見的化學物質，這些美麗的衣服是傷害自然、動植物以及人類所製作而成的。

當我們掠奪過多的生命、傷害自然，變換成金錢與身上的裝飾時，我們其實是在傷害自己，也在未來的生活裡面囤積了「業」。有一天，這些越界，終將需要償還。

所以，生命的真相是什麼？

第二節　讓衣櫥充滿愛

每個物品都有故事，而許多物品累積記錄與播放的就是使用者的人生，你的衣櫥裡面就是你的歷史，涵納著每個時期的風格、喜好與個性。還記得一開始，我們在「人生模擬之旅（P.13）」裡面所選擇的設定嗎？這個分類只有你自己才知道，不用告訴我或是別人，這個設定會是我們在看見「真正的自己」當中的一個提醒。

整理是讓我們有機會回頭審視自己的樣貌，留下自己喜歡、真正會用的東西，同時也放下對於物品的依賴。藉由這些整理，讓我們學習就算不用這些物品也沒關係。因為，**成為你自己就是最美，而不是追求外在的美**。仔細想想，你選擇的設定，是幫助自己，還是成為阻礙？記得，想要成為別人的自己，並沒有看到真相。我們不需要成為不是自己的人，藉由放下對殘影的追逐，讓自己成為真正的自己。接下來，我們會一起看清楚櫥櫃裡需要被解鎖的真相，那些看不見的線索以及看得見的提醒。它們等著告訴我們這個世界發生的故事以及風水裡面蘊含的智慧。

衣類物品，是目前在集體意識中最普遍的擁有物，平均數量最多、商業利益最廣，同時也是被丟棄最多的品項。在某種程度上，衣類就像是人的體毛，會有生存保暖的需求，也會有生長汰換的循環。有時候需要把不適合當下的衣類送出，就像是重新塑造自己的個人價值，同時也整理了那些來不及消化、沒有被看清楚的情緒。

物品從來沒有整齊或混亂，只有是否夠呈現真實的自己。

當我們理解自己，就是最好的療癒。

當我們只是做自己，就能夠放下執念，讓心充滿愛的光。

本章節是以衣類物品來做為示範說明，而同樣概念也延伸套用在整理鞋子、包包與床類物品，例如：好命鞋、好運包。

好命衣

打開衣櫥，用你的眼、耳、鼻來仔細觀察。深深的吸一口氣，你覺得放置衣物的空間內傳出來的氣味是怎樣的？香香的，還是悶悶的？許多人的櫥櫃內，收納了太多的衣物，所以不論是整齊或混亂，聞起來像是擁擠、停滯的氣，有時還帶點霉味。這些氣味提醒著人類，需要流動。就像是為「心土」整地一樣，翻動衣物，將不屬於當下的過去殘影送離開。過去的自己，需要被感謝，而過去的衣類物品，需要送它們到生命的下一個階段。當我們不再留戀過去，我們就能夠把專注力轉回到當下，看見自己，然後讓自己照顧自己，這就是走向理想人生的過程，這也是人言所謂的：「好命」。

去除舊習與舊息

好命的步驟一：跟過去的脫皮標本說再見

在生物的生命週期裡面，當舊的皮膚、外殼不能支持現在的身體時，就會進行更換的行為，稱為蛻皮、脫皮或是脫殼。而許多人會把已經不能夠在穿的衣物，存放在櫥櫃裡面。例如：

1已經不堪使用

- 無法修補的破損
- 清洗到變薄、褪色或破洞
- 明顯的汙漬或霉斑、泛黃或暈染
- 肉眼可見的老舊狀態
- 材質失去彈性，變得鬆弛，特別是領口或袖口
- 使用過度而磨損變形、起毛球、脫線
- 產生異味
- 纖維硬化，例如：衣服穿起來、床單躺上去的觸感不佳
- 物品材質崩壞、斷裂，例如：皮革掉毛、皮製品脆化或分解、金屬生銹、背帶斷掉
- 物品架構變形、歪斜，例如：平放時，帽子、鞋子、包包傾向某一邊，枕頭或床的坍塌、凹陷、行李箱的輪子使用時不平整
- 待修補，例如：鈕釦掉了、需要換鬆緊帶、破洞脫線

有時候這些物品很可能是自己常常穿著，但已經習慣這樣的破損狀態。

2 需要定期替換	• 衛生衣物，例如：內褲、襪子、絲襪、內衣等貼身衣物 • 毛巾類，例如：手帕、擦手巾、洗臉巾、枕頭巾、浴巾

通常與健康清潔有關的物品，都需要定期確認與適時的更換[17]。其實所有的物品都有使用的壽命年限，但許多人並沒有定期更換，而是用到不能在使用為止。事實上，這些私密接觸的衣物，有許多看不見的菌在上面。

根據科學的檢測，一件內褲使用半年，平均就留有〇．一克的糞便及大量病菌在上面，常見的有A肝病毒、輪狀病毒、諾羅病毒、沙門氏菌、大腸桿菌等，而細菌也會住在襪子的纖維裡面繁衍，像是黴菌、白癬菌、金黃色葡萄球菌等。女性內衣則因不同質地的材質構成，襯墊裡面容易出現黴菌與蟎蟲。另外，毛巾的纖維會因使用而潮濕造成黴菌增

17 建議定期檢查時，同步也把不舒服、尺寸不合、破洞鬆弛變形的貼身衣物一起更新。

長，有可能會讓皮膚發炎或長痘。就算經過清洗、晾曬，這些都無法完全消滅，即使用熱水煮過加陽光曝曬，也只能稍微延長使用壽命。

〈計算公式〉

衛生原則為「每一次」使用過內衣褲、襪子就需要清洗。依據你自己的洗曬行程，可輪流幾件更換，以便找出適合自己的汰換頻率。若目測已經有明顯霉斑，或相關部位有感染、搔癢、疾病時，就需盡快更新。健康原則上建議不論性別、年紀平均使用三到六個月需就替換，此外每個人使用的狀態、物品材質、如何清洗保養都會影響替換時間。若細心照顧及適當的清潔衣物，可以讓使用時間延長許久。如果有疾病感染的狀況，例如：生殖器發炎、香港腳，建議在痊癒之後替換私密接觸物。而腳的疾病也要注意鞋子是否被污染，建議可將鞋子清潔後拿到陽光下曝曬（注意不同材質適合的時間長短）以便殺菌。

能夠學習判斷何時應該更新這些衣物，是對自己身體感知的覺察。

這些是本來就應該要處理，但未處理的過去。在自然界中，定期褪去老舊的皮囊是一種重生的能量，生靈會因此去除「舊的習氣」與「舊的作息」。在脫皮之前動物的情緒會特別波動，因為需要告別過去，而人類將這些一直未處理的「脫皮標本」放在衣櫥內，是一種「牽絆過去」。許多的能量被強硬地留在「曾經的發生」中，一直沒有修補[18]的破損衣物也是一樣，阻擋了愛的流動。而需要定期替換的三項貼身衣物（不論性別），觸碰了位於心臟的胸口、生殖器官與支撐身體的足部，是吸收能量與排出晦氣最頻繁的部位，跟自我價值的汰舊換新有關，屬於生理需求的消耗品，也是「生命之氣」所滋養的花。

內衣：是「愛」之花，跟親情、愛情、友情有關，是理解自己與他人的門戶。
內褲：是「慾」之花，跟慾望、性慾有關，是人的生存與創造的源頭。
襪子：是「地心」之花，跟力量、流動有關，是人與萬物的接軌與平衡之處。
若你在物品對應的情感有狀況時，可觀察自己使用的物品是否需要更新？

18 「待修補」的物品，需要安排時間規劃處理，請拿起行事曆記下。若發現自己沒有心思處理，表示與它緣分已盡。

人生整理的「生命之花」

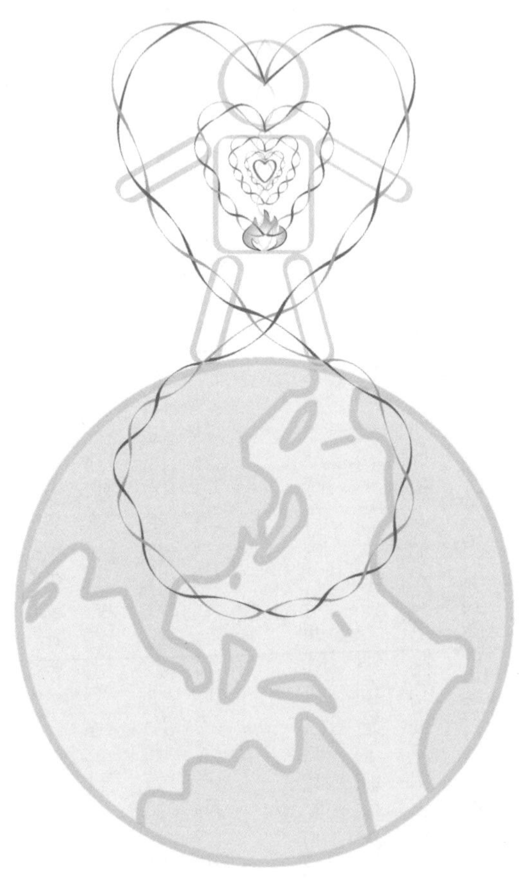

對應人的第一個風水「起心動念」，
並散發看不見的語言頻率（荷爾蒙）。

另外，毛巾類是許多人常常遺忘清潔的物品之一，每天使用的手帕、擦手巾、洗臉巾、枕頭巾可以用「日單位」為次數來計算。大部分的人因為看不見毛巾上面剝落的皮屑，認為很乾淨還可以再用……所以就容易將潮濕的浴巾披在椅背上、放在床上，造成黴菌滋長、空氣中也可能有飛散的霉味，會對呼吸道、皮膚產生影響，這也是一種停滯的能量。若不想使用一次就清潔，可把浴巾晾掛至通風處重複使用。需注意通風處的空氣是否可能有傳染性疾病及細懸浮微粒（PM2.5）的沾附。

這些「脫皮」物品會記錄與播放關於「桃花運」，桃花的好運不只是吸引人緣，還包含了生命力的發展、創造與自我的力量。不覺察的持續使用或囤積不堪使用的物品，容易讓人精神萎靡。就像有時候出門脫鞋才發現襪子破洞，或衣服缺了鈕釦。

當我們定期更換衣物時，衣櫥裡面與自己身上微生菌叢的生態得已更新。

你知道嗎？這些看不見的菌會影響人的心情，就像千千萬萬的「念」一樣。

◎如何處理

已經不堪使用的衣物及毛巾類，特別是嚴重發霉、纖維被破壞的部分，謝謝它一路以來的支持並放入垃圾桶。完整送走物品的詳細步驟，請參考「迎新送舊（P.356）」章節，以下亦同。若想再利用還能使用的部位，可剪裁下來。舊衣很適合改造再利用成「布衛生棉」，因為已經多次清洗，很適合用在私密肌膚上。或是製作成「寵物用品」，因為上面有著主人的味道，可以讓動物感到安心。若是邊角的小塊布，也可以當作鞋子與包包的擦拭布。而屬於個人衛生用品的內褲及襪子無法回收，汰換時一樣是感謝後放入垃圾桶。許多人因爲勤儉或環保惜物，把需要淘汰的舊內褲或襪子重複利用製成絨毛玩具內裡、童玩沙包及桌椅腳套等，請思考這些看起來沒有破損的貼身衣物上面，充滿著看不見且洗不掉的細菌。

你說：「我可以把磨損的舊衣當居家服或睡衣嗎？我覺得破破的舊衣特別的舒服。」

我說：「沒有不行。你可以試著回到內在，仔細思考穿上這件衣服的真實感覺。」

你說：「還是我可以把需要淘汰的衣物，留到旅行時穿完後才丟棄呢？」

我說：「從來沒有什麼不可以。重點在於，你想保留這些過去的物品多久？你又多久才會去旅行呢？而你去旅行的時候想穿髒內褲、破襪子或是已經脫線的衣服嗎？」

◎「不同於一般」的處理

若你在人生中有重大的生命課題要改變時，例如：情感的分離、重病痊癒、脫離困境、靈障議題……可藉由處理貼身衣物，將看不見的晦氣一起淨化。請將無法再回收使用的內衣、內褲、襪子，清洗乾淨摺好後放入乾淨的紙袋[19]，進行感謝。接下來，在紙袋內放入些許鹽（不限種類），仔細的包好後放入垃圾桶處理。隨著這些物品的離開，送走那些曾經的自己。人生整理課把這三項貼身衣物的處理，當作送走「生命之氣」所代表的舊護身符，它們曾經是我們身上最緊密的一部分，我們需要真誠的感謝它們的支持，並完結過去的行為習慣。

19 也可用需要汰換的毛巾類包裹，請記得先將毛巾洗乾淨後再使用。

好命的步驟二：跟過去的蝶蛹收藏說再見

觀察大自然時，你會發現有些生物會需要結蛹，以便渡過某些特定的時期，並且需要學習獨立的從蛹內掙扎而出。這個奇妙的設計，是為了越過不同時期的「轉變」，透過這樣的過程來走向生命的下一步。而人類櫥櫃裡面其實也有相對應的物品。

1 已經過了自己時效的

- 小時候的物品
- 早就已經畢業的學校制服
- 已經離職的公司制服
- 跟某些已經結束的活動有關，例如：比賽、路跑、選舉
- 生命成長時的過渡衣物，例如：婚紗、孕婦裝、哺乳衣、當兵穿的衣物、與年紀有關儀式用衣
- 樣式已經不符合自己現在的生活型態或身分，例如：生活模式改變、換工作、年紀增長或健康的變化……

請記得把想留下的「紀念品類」拿出存放。常見的可能是婚紗（婚鞋）、物品上面有簽名、或被當作幸運物的衣物。

2 現在尺寸不合的

- 尺寸過小
- 穿的下，但某些部位緊繃
- 刻意買小來激勵自己的
- 尺寸過大、過長、過寬
- 造成自己行動不便的風格
- 太久沒穿的彈性衣物，例如：運動衣、泳衣、絲襪

尺寸過小還持續穿著，或是喜歡穿合身衣物來控制體重的族群，會讓過於緊繃的部位影響到身體的舒適，進而產生疾病，也容易讓衣服破損。而尺寸太大可能造成容易鬆脫、走光、踩或勾到自己的衣物。就像以不分性別寬鬆尺寸為特點的「Oversize 風格」，或偏大不合身的「男友風」……若造成行動不便、甚至是危險，就表示這類衣物不能夠支持到現在的自己。另外，通常有彈性的特殊材質，會依據時間長短而變得鬆脫。即便是肉眼看不出來，但有可能在穿著到一半時就突然崩壞了。

◎物品過於緊繃時——會發生的狀況

1 領帶、套頭、領口	壓迫到頸部血管，使流往大腦的血液不暢通。造成頭痛、耳鳴、胸悶、眼壓過高，嚴重時可能變成青光眼。
2 女性胸罩	壓迫胸口肌肉造成胸悶、手臂酸麻，影響骨骼及胸部發育。而鋼圈也容易因壓迫淋巴使罹患乳腺癌的機率增加。
3 內褲（尤其是丁字褲）	造成悶熱及頻繁摩擦泌尿器官，引發紅腫、發炎、破皮，或細菌感染。男性內褲太緊會使陰囊溫度升高（特別是人造纖維材質），使精子活動力下降、畸型、壞死，也可能讓陰莖變形。
4 束腰、皮帶	腰部過緊，容易造成胃食道逆流、呼吸受到阻礙。
5 特定部位物品	通常在手臂、腋下、大腿、胯下，除了著裝與使用上的不便利，被壓迫與摩擦的皮膚可能會產生不適，也容易發黑及角質增厚。

6
鞋子

太緊、太窄、鞋內空間太小，容易引發皮膚不適、腳趾瘀血、拇囊炎、指甲內嵌或長繭、雞眼、起水泡、香港腳，嚴重的可能會讓腳及關節變形，並向上延伸到體型改變。另外，靴腰若壓迫到神經也會影響到腿、腰以及脊椎，造成身體痠痛。

若你在物品對應的身體部位有狀況時，可觀察使用的物品是否還適合當下的自己？

人的身體每天都會變化，肌肉的線條與體型會依據每個時期的狀態而有所不同。尺寸不合的物品，無法支持到當下，並讓自己綁手綁腳。而過了自己時效的衣物，不使用也不屬於紀念物，若放在櫥櫃內，容易產生「限制之氣」。這樣不舒適的衣服就像是持續、重複性的掙扎困頓，是人生中的界線，也是「擔憂未來」。我們需要學習找出這些不適，看到原因、然後放下，這就是剝除那些自己未注意到的雜音，也是抹掉殘影，走向「更開展的自己」的開始。

你說：「如果我想把過了自己時效但還能穿的衣物當作居家服或睡衣，可以嗎？」

我說：「沒有不行，但為什麼想要把過去的自己穿在身上呢？」

你說：「因為我覺得很可惜，明明還可以穿。」

我說：「你需要問你自己。這件衣服，我穿起來還開心嗎？我穿起來覺得舒適嗎？」

◎如何處理

過了自己時效的衣物，若還能夠再使用，建議可以轉贈給有需要的人，讓愛可以被分享。而尺寸不合的衣服，可以選擇捐贈、轉賣，或思考是否還想要修改後繼續使用？但記得，所有的衣物修改過後的版型都不會跟原本的一樣。重點在於，你想要跟這些衣物繼續相處多久？請在送出去之前，謝謝它們曾經的支持，讓我們學習到破蛹而出的力量。而修改再穿時，謝謝它們願意繼續陪伴著自己，走向人生的下一個階段。

◎「不同於一般」的處理

許多人想保留穿不下的舊衣[20]，直到未來可以再穿的那一天，例如：減重之後⋯⋯。我的回答是：可以，但它們必須是支持你的力量，而非把你拉回過去的阻力。讓我們安靜的問問自己的心，應該如何做出篩選。可以用以下問題來做自我檢視——

Q1：當你看著因體型改變而穿不下的衣服時，是感受到激勵？還是感受到壓力？

Q2：當你的體型雕塑到可以穿得下舊衣時，這些款式與風格是否你還會願意再穿？

我們需要精簡數量，讓過多的壓力離開，讓固定數量的衣服來激勵自己。記得，衣櫥裡面放的是你的當下，而非記憶。留下可以激勵自己的物品來支持自己，推動自己從現在走向想要的未來，而剩下的就讓它們去旅行，支持更多人，也讓物品的當下可以被珍惜。

你說：「你覺得為什麼大家變胖之後，會很難捨棄掉過去的衣物呢？」

我說：「這是個很有趣的問題，很多人會以為是緬懷過去。但為什麼變瘦的人，捨棄尺寸過大的衣物卻很容易辦到？」

國王說：「會不會大家認為瘦才是好看，而胖就是不好？」

我說：「這是現代的集體意識所產生出的錯誤認知，事實上胖瘦只在於身體的狀態是

20 若是穿不下的鞋子建議送走。即便未來可能有再穿得下的那天，但那個時候的你，身體狀況不同，穿上過去的鞋子不一定合適。

否可以支持到自己，而非好不好看。」

你說：「可是很多人說胖[21]就是不努力、懶惰……而且穿衣服也不美。」

國王說：「不論胖瘦，這個世界總有人說你是不完美的。我費盡心思與金錢在買新衣，最後才發現原來我需要看見的是自己的價值，而非身體或服裝的樣貌。」

我說：「變胖或變瘦都是身體所需，不需要苛責自己，但需要問問自己為什麼變胖或變瘦了？比起變胖，很多人會忽略突然變瘦這件事，卻沒發現這有可能來自於生命能量快速地被消耗……」

〈計算公式〉

激勵自己的衣物，我把它們的「使用目的（P.97）」訂為第7項，稱為「回到未來」類。所保存的數量，以不影響生活的使用狀態為原則。盡可能的放在自己日常活動的空間內，跟它們有連結才會讓自己有機會再次使用。請設下目標，像是定期確認以及規劃自己何時可以再穿上，直到完成。若是因懷孕而無法穿的衣物、鞋子，可先保留到生完小孩、調整身體狀況之後再來篩選。記得，你只需要符合自己的速度即可，沒有人會給你打分數。所有的重點都在於你舒不舒適？

是否真的讓物品支持到你？

就像那些築蛹的生物一樣，我們衣物上的不舒適，是來自靈魂的提醒，生命讓我們使用到這些物品。是因為我們自己選擇了人生中的關卡，並用自己的力量來突破，而你的心、你的思維、你的行動就是最好的鑰匙。破蛹而出，就會開始飛翔。

看見真實的自己

好命的步驟三：跟過去的寄生生物說再見

寄生是指一種生物生活在另外一種生物的體內或表面，後者被吸取養分稱為宿主，而前者稱為寄生物。人類所使用的衣物也常常被其他的生靈寄生，我們以為只有自己在穿衣服，事實上，許多看不見的也同樣在一起使用著。

21 來自於「基因歧視（Genetic Discrimination）」中對於身體的歧視，太高、太矮、太胖、太瘦，包含身體缺陷。

1 櫥櫃裡面的生物

物品上出現的小洞、黃漬、斑點，有時還會帶點味道。

常見的有：

- 衣魚，又稱蠹魚、壁魚、衣蟲、書蟲。體型細長、呈亮金屬的銀灰色、沒有翅膀，通常會在「黑暗」及「無空氣擾動」的地方聚集。喜歡吃人造纖維、澱粉質以及紙類。像是書、文件、壁紙與棉花。若出現在衣櫥裡面，表示這些物品不常使用或潮濕。
- 衣蛾，又稱瓜子蟲、袋衣蛾、移動水泥。常出現於潮濕的牆壁以及髒衣物上，特別是領口或皺摺的摺疊處。喜歡啃咬紡織品、動物皮及蠶絲製品、羊毛、羽毛及頭髮。若出現在衣櫥裡面，表示這些物品帶著毛髮並有清潔不乾淨、異味或潮濕的狀況。
- 肉眼看不清楚的生物，塵蟎、粉蟎、真菌、黴菌、細菌、病毒等。
- 其他還有蟑螂、虱子、跳蚤、白蟻、老鼠……有時候會出現荔枝椿象的卵，看起來像是白色的小圓球[22]。通常是晾曬在外的衣服被產卵，將曬乾的衣服收入屋內時需注意，以免在衣櫥內孵化。

蟲－衣蛾與衣魚

風

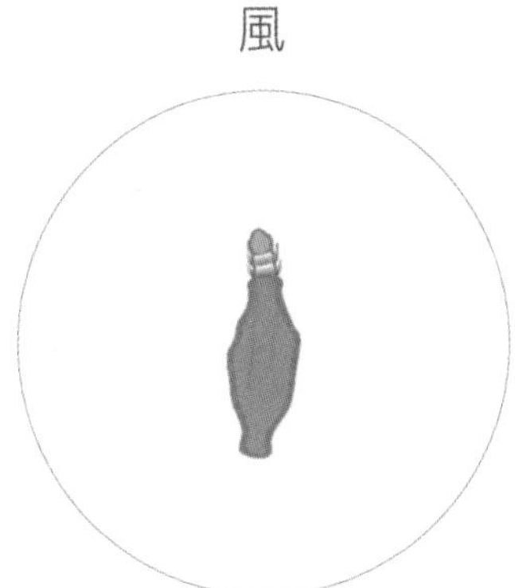

衣蛾：
幼蟲會吐絲做出類似「菱形」的紡錘袋，那是它們的巢穴。通常上面會黏貼周圍的灰塵、碎屑，看起來像是灰黑色。

水

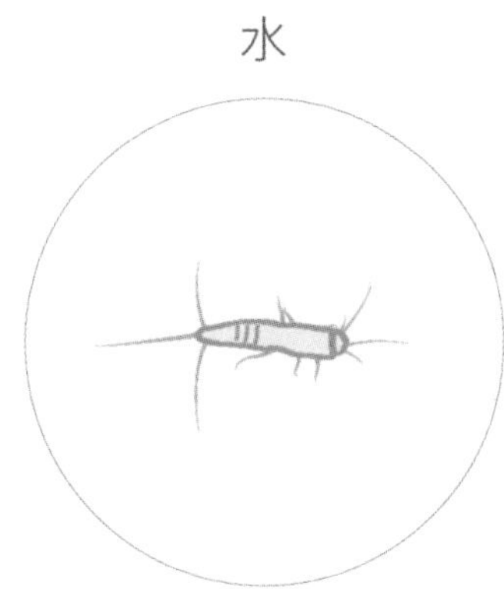

衣魚：
已經在地球上生存三億年，屬於活化石。以前曾被當作藥材使用，稱為白魚散，用於醫治眼翳病。

兩者皆屬夜行性昆蟲。若白天可見到，就需要徹底除蟲。

若衣物上有蟲、蟲卵、塵蟎、黴菌時，容易在使用後[23]造成皮膚出現紅疹、乾癢，鼻子不適、打噴嚏、氣喘等過敏症狀。通常黴菌會跟身體的潮濕之氣產生共振，過多的恐懼讓衣服容易發霉。如果你的物品上常常出現黴菌，就應該思考，自己是否有什麼「不願意觸碰

22 可用硬物取下卵後，用衛生紙包起並壓破丟棄。

23 如果是睡覺起來後發現身上很癢，身上的衣物與使用過的床類物品可能都需要消毒殺菌。

的恐懼」是需要去面對的？

2 物品上面的其他人

被他人殘影束縛的物品，例如：父母、伴侶、集體意識。

一、被捆綁及限制——不是自己真心喜歡，因為他人而穿上。

- 來自「長輩」：在家族中年紀較輕者，容易被強迫穿上長輩所購買或贈送的衣物。像是父母購買給兒女、奶奶買給孫子、他人贈送的感恩牌。
- 來自「伴侶」：被情感勒索而改變自己的外貌、風格或被要求穿情侶裝，還有擅自購買給伴侶的服裝。
- 來自「生存」：為了符合這個世界的審美觀，才穿上更帥、更美、更瘦、更白的物品。可能還有需要性吸引力而穿上的衣物，例如：性暗示的衣著，或性向展現。
- 來自「人情壓力」：收到的禮物，或是不得不收下的物品。但其實不適合自己。

二、覺得自己不足的追逐——想要成為其他人，或緊抓過去的自己不放。

- 作假：使用盜版物品，例如：看起來像知名名牌的包包、或是購買仿冒品。

• 模仿：依樣畫葫蘆的追求同儕、羨慕對象、明星偶像的穿著。

• 回憶：因為曾經有過「某些記憶」的衣物，現在已經不穿又不算紀念品。留存的原因只是因為放不下，例如：舊情人所送、穿上衣服的自己曾經是怎樣狀態的懷舊。

◎如何判斷

如果看著或穿上會讓自己沉重、想到不好的回憶、總感覺哪裡不舒服，很有可能是物品上所寄生的能量在記錄與播放。不論是蟲或是其他人的殘影，他們吃的都是殘存的情緒，是不流動的風、是停滯的水。他們出現在物品上面，努力地吃著那些來自過去的舊能量……他們正用自己的方式，在提醒著我們——需要活在當下。若每個言行舉止、每個心念都從當下開始、前往未來，我們就不會被那些停滯不前的水[24]阻擋了生命的流動。

蟲是需要分手的舊愛，而殘影是需要抹去的舊夢。寄生，是宿主被寄生物奪取營養，我們需要看見到底是怎樣的起心動念、行為模式造成自己讓出了生命之氣，被這些寄生物吸取能量。

24 指物品上沒洗乾淨的淚水、汗水、體液以及看不見的情緒。

◎如何處理

【除蟲】

被啃咬的物品上，若有蟲蟲排泄物、蟲卵附著時，先用清水清洗物品表面的髒汙、取下蟲卵，狀況嚴重時可用些許清潔劑，把殘留物去除後。在浸泡水中加入桉屬的尤加利[25]葉片並置於通風處，之後擰乾晾曬。完成後可再次使用或送出。

【除黴】

將需要清理的物品用清水沖洗後，浸泡於「洗米水[26]」中過一夜。洗米水中的蛋白質能夠吸附黴菌，浸泡之後就可以依據一般的清潔步驟進行即可。若狀況比較嚴重，可重複浸泡→清洗→晾曬。不適合泡水的材質，可使用酒精噴灑、或擦拭後陰乾。若物品的狀況過於嚴重無法清潔，可帶著感謝放入垃圾桶內，謝謝它們曾經的支持。請直接廢棄，不要丟入舊衣回收箱，以免汙染其他物品。

做出選擇，送走那些附著在衣物上的執念，並釋放那些「不是你」的幻象。是你在穿衣服，而不是衣服在穿你。使用支持自己的物品，也讓物品有呼吸的空間，保持一定程度的留白，讓風可以通過，讓光有機會駐足。記得！使用過的衣物，需要用看得見的水，帶走那些看不見的情緒與身體排泄物，讓物品經過水的洗禮、光的祝福（曬太陽或烘乾）以及風的輕撫、手的觸摸，讓殘留的過去可以被歸零，才放入收納之處。

若蟲害、黴菌是自己無法處理的狀況，或是經年累月的問題，建議請專門的清潔公司來協助。定期請清潔公司來協助清理洗衣機、床墊，以及讓鞋子與包包去做保養可以讓物品的壽命更長久。

有時候當我們邀請新的人事物進到生命中，我們才有機會把過去的人事物送離開。

---

25 尤加利（Eucalyptus）是一種強效的驅蟲樹種，葉片含水量高，又稱為「大地的恩賜」，是少數含微量黃金的植物。另外亦可使用茶樹（Tea Tree），或是「自身所在之處」方便取得的驅蟲樹種葉片，越是離你所在之處越近的樹種越能夠支持你。使用時需注意是否會將物品染色，亦可使用精油或純露。

26 米來自稻穗，是凝聚陽光、土壤、風與水的能量，洗米所浸泡出的洗米水對於清潔物品很有幫助。

◎「不同於一般」的處理

依據你的收納空間來等比例放置輔助工具。除濕可在竹籃中放置木炭、竹炭或備長炭。除蟲可用乾燥的「香草植物及香料[27]」與「鹽」混合製作「除穢香包」。而曬乾的茶葉或咖啡渣（用布或紙包好）、香皂，以及使用過的暖暖包都可放置於鞋子與包包內來去除異味，只要定期拿出通風，就可以重複使用。

在古代會將天然中藥製成的香，放置於「熏籠」來熏衣、熏被，現在我們可將衣櫥、抽屜打開點上薰香，或將香放置在吊起的衣物、寢具下方，讓布的纖維可以藉由流動的香氣被滋養。或定期在天氣好的時候，打開所有櫥櫃與窗戶來通風。特別是居住在一樓、或容易潮濕的地方，就需要常常讓「氣」可以在空間中流動。

當我們使用天然的元素，就能夠讓物品透過自然能量被「淨化」。若用化學材料來清潔則會帶有「侵略」的振動頻率。它們都在天平的兩端，只要在適當的時候「擇善」使用，就能夠達到適合的效果。

那要如何去除衣物上其他人的殘影？請將這些物品放在自己面前，看著它們說：

謝謝你們的支持，謝謝你們的愛，（請把雙手放在物品上面）

謝謝我愛我自己，謝謝我愛我當下的樣子。（請把雙手放在自己的胸口／心輪）

〈放下殘影宣言〉

說完這段話之後，保持雙手持續放在胸口，閉上眼睛做一個深呼吸，用鼻子吸滿空氣到腹腔之後，慢慢地用嘴吐氣，一邊吐氣一遍將雙手放回身體兩側，然後再進行篩選。什麼樣的衣物是當下的你自己會穿著的？那些不屬於自己樣貌的物品，就可以讓它們去旅行。如果你在篩選這類衣物的過程中，若還有不舒服的感受出現，可以再次使用「放下殘影宣言」來支持你進行整理。

我們需要看見真實的自己，不讓出空間給「其他」來寄生，但可以讓出空間讓「萬物」

27 香草植物可選擇有明顯驅蟲效果的芸香草、驅蚊草、艾草、抹草、香茅、七里香、薄荷、紫蘇、尤加利、迷迭香、薰衣草等，而香料建議使用可殺菌的辣椒、花椒、蒜頭等。

來共生。因為「生命」是符合自然軌跡，一種宇宙的流動。我們藉由整理衣物，來渡過生命中的每一個片段，讓人的生命之氣可以延伸到每一個片刻，並延展至下一個階段。讓自己可以照顧自己，並讓自然的能量在人生中可以被擴展。

成為「唯一」並且「獨一」的自己，因為萬物就是你自己。
我們不只是光的碎片，我們也是光的所有。

符合自然循環及生命流動，然後用感謝送走那些不屬於你的東西，回到你自己。
這就是「好命」。
你的存在，即是出生於此的原因，學習成為你自己。

好運衣

命運，拆解為來自天的指示、符合自然軌跡的「命」，以及遷徙、移動的「運」。而有時「運」也會被稱為命中注定的遭遇。在看得見的世界裡，只有活著的「生」才會有「靈氣」，然後開始交流的活動、聚散、合分，就像量子力學中波動的粒子，因愛而聚合成為「有」的萬物，反之分散成為「無」。而「氣」也讓極其微小的流動，轉化成形象，並穿梭在「天、地、人」之間，就成為了「運氣」。「運」是指人類集體意識在萬物之間的流動。

生命中的瞬間綻放

好運的步驟一：幸運的選擇

對於開始使用物質的靈魂來說，每一個都是「新」的，都是未經歷過的體驗。這也是為什麼人類會「購物」，因為藉由這些物品來共同創造新的行為模式。就像孩童時期，對於每一個新接觸到的物品都會抱持著好奇心，想要觸碰、想要探索，這也是物品與人第一次的親密接觸。但隨著殘影的囤積，許多人追逐著不屬於自己的畫面，讓愛依附在未使用的物品之上，被封閉在櫥櫃裡面。

1 全新沒用過的

- 未被拆封、吊牌還掛在上面、甚至是放在包裝盒裡面
- 免費拿到，例如：贈品、禮物、不同材質的購物袋
- 拋棄式物品，例如：免洗內褲、免洗襪、拋棄式雨衣、飯店的免洗拖鞋
- 明明知道自己不會穿，但還是想購買的
- 買了要修改才能穿，但遲遲未處理

這些是「未被翻牌的嬪妃」，家中的幽靈訪客。你把它們帶回家卻未使用、或忘記使用，阻擋了自己對於生命中新火花的交流，它們應該在你需要的當下支持你，但你自己錯過了那個選擇的時間。就像與幸運擦身而過，生命因此產生了些微的偏移，走向稍微不一樣的現實。而錯過了當下，就再也回不去了。

2 在生命中曇花一現的

- 曾經穿過一次、或少數穿過幾次
- 常常穿上之後又把它換掉
- 穿了之後才知道自己不喜歡，例如：無法令現在的自己心動、沒自信、或不好的感覺
- 發現自己穿起來不好看，例如：不能修飾身材、顏色／尺寸／版型／設計不適合當下的自己
- 現在穿起來不舒適，例如：材質不舒服、咬腳
- 對自己而言不好搭配或需要特殊搭配，例如：過於花俏、包包的容量不適合
- 沒有場合可穿，雖然喜歡但無法常穿，例如：適合拍照但不實用
- 難以活動、不方便穿脫，例如：扣環、綁帶很多
- 不易清潔保養，例如：有太多不同類型材質的拼貼、假兩件設計、裝飾過多、皮草或麂皮類
- 因為價格昂貴，所以捨不得穿
- 因為某些特定場合而買，例如：參與活動、為了出國、在旅途中買的當地特色

- 臨時有需求應急而買，例如：時間壓力、人在外地、特殊場合
- 一時衝動而買，例如：想要培養運動習慣而購買，覺得可以穿去參與什麼活動而買
- 自己根本就不記得擁有的物品
- 送洗回來後還一直套著塑膠袋的物品、或送洗沒取回的

通常沒有「試穿」或使用「網路購物」特別容易累積這樣的衣物，這些在生命中曾經瞬間綻放的物品，成為了衣櫥內停頓的記憶，就像不順暢的音軌、跑不動的影片一樣，總是有著「卡頓」的斷片。有時候看著這些物品，自己似乎思緒也進入了不順暢的斷句。就像生活中會出現的小確幸，但過於微小，容易被生命中的事物輕易的沖淡。

◎如何面對

當我們帶一個物品回家之時，我們就跟物品上面的原料、製作、運送、使用的人產生了共振，就像是加入了一個看不見的家族。若你常常使用，物品上面所有的萬物能量都會支持你。但當你不使用或遺忘，這些被累積的儲備能量，就會慢慢的被消磨，從興奮到遺

忘、從輕盈變沉重。這些是你曾經的「氣」、過去的自己，等著被開封、或是等著走向下一段旅程。拿出那些從未穿過的衣服、只穿過幾次的衣服，看著它們，好好的選擇會支持你「當下」的物品。如果你無法選擇，建議可以用你的心作為基準。

請你閉上眼睛來挑選，用手擁抱衣物、感受物品給我們自己的真實感覺。

也許，衣服的風格可以帶來自信，但只有自己感受到放鬆、舒適，才能讓內在自己的能量被安全的抒發。就像是脫皮之後的重生，讓放在家中一角被遺忘的物品，重新被定義，如同你剛拿回家中的興奮，讓它們再次成為你的「當下」。而那些不屬於你現在的衣物，就讓它們離開，展望下一段旅程。

買了以為會穿、只是想買但不會穿的衣物，都是想要了解「自己」。曇花一現的衣服，則是「探索」的過程與學習，而在生命當中可能還會遇到別人買給自己的衣物，是來自於他人的期待，也是自己從未看見的某一個面向。還有免洗物品，是代表著時間的焦慮、沒有辦法處理過多資訊，只好用完就丟掉自己的一部分。拋棄式的免洗衣物大多在旅行、住院、懷孕、按摩、試穿、下雨或玩遊樂設施、購物等狀況而拿到或使用，除了可以反思爲什麼需要「用一次即丟」以外，也可觀察這些物品若留在櫥櫃內是否還會用到？

要知道——幸運是一種選擇，是要珍惜與善待使用每個物品的一種決定。因為它們會帶領我們走向幸福的人生，它們，也就是我們自己。

實驗中的物品

好運的步驟二：你是辛苦還是幸福？

當我們使用物品一段時間之後，有些會破損需要修補、也發現有些物品不再適合自己。就像年少時期，開始發現自己的喜好、審美，想要找出適合自己、突顯自己的物品，在這過程中就像物品與人的互相交流、碰撞，以便找出屬於自己的歸屬。就像是科學的實驗一樣，失敗的遠比成功的多，但這就是人生的必經之路，因為有這些不成功的經驗，才會累積智慧，最終走向幸福。而在櫥櫃裡面那些實驗中的物品，有些是還沒選擇幸福的辛苦過程。

1 沒發現、沒注意到的

- 因久放而散架，例如：黏合處或縫合老化、脫落，特別是標榜會自然分解的環保材質
- 因拉扯而破損
- 因摩擦而破損，常出現在腋下、胯下、鞋與包的底部
- 因外力而破損，例如：燙破、勾破、刮破
- 被洗壞，通常是沒有注意到衣服標籤說明就清洗
- 使用過多的磨損、起毛球、破洞……
- 部件遺失或無法配套成雙的，例如：手套、襪子、鞋子

這些狀況，可能是不合拍的物品、也是需要修補的幸福，它們替代主人承擔了壓力。破損的部分是身體過於緊繃的地方，洗壞的衣物是生活中的忽略，而不見的衣物是心的迷失。為什麼消失？何時消失了？它們都提醒著人類需要看見自己還未突破的盲點。通常在身體狀況改變時，會特別容易發現不合拍的物品。像是年紀增長、旅途中及移動到不同地區居住的時候。

好命的步驟一之1「已經不堪使用的——無法修補的破損（P.134）」通常為「一眼

可見」的破損，而此處指的是「需要仔細觀察」才能看得見。物品破損的程度因人而異，依據每一個人對於「自己物品」的衡量即可，不用把這樣的定義放在別人的衣物上面。

有時候物品突然莫名奇妙的出現破洞、斷裂、損傷以及發霉，是一種提醒。在還沒有感受到不舒服之前，因為物品承擔了身體的氣息，所以病氣、負能量攻擊會先在物品上留下痕跡[28]，若是仔細撫摸破損部位，手有時會感覺麻麻的，這些破損通常會出現在大椎、肩頰骨、骨盆、腳踝附近區域。就像台灣民間傳統療法的「收驚」一樣，衣物可以替代人，因為物品會記錄與播放使用者的訊息。

◎「不同於一般」的處理

如果衣物有莫名損傷，通常在物品破損附近的身體部位需要特別注意，建議可以用鹽搓洗身體，平衡那些對自己沒有幫助的頻率。並把這些衣物加鹽清洗完成之後（不能水洗的物品可以曬過太陽後放入鹽），送出自己的感謝、收回自己的投射，然後放入垃圾桶處理。讓物品替代自己完成這些疾病、負能量的學習，並藉由感謝，放下那些不舒服的情緒與記憶。其實疾病與負能量，僅僅只是來自於過去未完成課題的囤積。讓情感流動，讓物品協助我們可以看清楚那些沒有得到應有關注的故事。

2 干擾的訊號

質量、顏色、圖案、設計款式、殘留物所造成的不舒適，一直在身體周遭不斷的提醒著人類需要看見真相。通常為「物理性」的刺激，依據每個人的狀態而有不同的影響。大部分可用「視覺」作為觀察與判斷[29]。

【質量】

從肉眼觀察到觸摸、穿上及清洗後明顯感覺到質量不佳，像是突出的線頭、扭曲的車線、質料過硬[30]。或是因材質沒有包覆好而造成皮膚被刺傷，例如：羽絨、內衣鋼圈、床墊金屬外露。通常質量不佳的物品容易在使用一段時間後變薄或破洞。近年網路購物的盛行，許多物品在照片上看不出來品質如何，也容易在購買收到後，才發現質地與想像中不同。

28 包含鞋跟、鞋帶無故斷掉，包包破洞、背帶斷裂，但須扣除人為的不當使用。

29 判斷基準為自己的感受，不是每一個特定的顏色、圖案、設計款式、殘留物都會造成同樣的不舒適。

30 若出現在鞋子上多為鞋底、腳踝、後腳跟部位。

【顏色】

布料的所有顏色都是經由染色[31]而成，最常使用的天然纖維棉花的原色，大多是略為白中帶黃。劣質的合成染料會透過皮膚造成健康的影響。所以，顏色越白、越深、越鮮豔，例如：超級亮色、螢光色、紅色（最容易含致癌的禁用染料），還有顏色越多、深淺不一、刷白處理等化學成分越高。品質不佳的染料，也會因穿著而讓顏色暈染到身上、腳上，或者是衣物跟包包互相沾染。

【圖案】

圖案會引發心理反應，像是有宗教含義的記號、圖騰。而有些花色（鮮豔顏色或撞色）會明顯造成生理上的不適。

一、「條紋」引發頭痛與癲癇：黑白對比分明的條紋圖案容易引起大腦產生受損反應、觸發大腦中的神經振盪。本身就容易頭痛、偏頭痛及光線敏感者需注意。

二、「圓點（波點）」引發密集恐懼症，又稱密孔恐懼症（Trypophobia）：對圓形形狀集聚時的圖案感到搔癢、焦慮、噁心。也包含孔洞、密密麻麻的圖案。

三、「圖案」及「文字」引發不適：太過花俏或誇張的花紋、不雅或恐怖圖騰、過於逼真的動物圖案，非正向的文字，例如：暴力、色情。容易讓身體（細胞記憶）緊繃。重複性圖案——各式格紋、迷彩紋、傳統紋飾及動物紋路——豹紋、虎紋、斑馬紋、乳牛紋、長頸鹿紋、蛇紋，則是混合狀況。如果你是容易淺眠的人，建議在選擇睡衣及床類物品時避開這些圖案，以素面為佳。

【設計款式】

一、物品上的標籤、拉鍊、鈕釦、織物印花（Textile Printing）、綁帶有時候會造成皮膚搔癢。鞋子與包包的外加金屬飾品，或是鉚釘也容易造成皮膚刮傷。建議將讓皮膚不適的物品取下，以免長期使用造成更多的傷害。若需剪掉清洗說明的標籤，可留存在洗衣機附近，以便洗滌時確認。

31 目前市面上可購買到的天然染色方式為：植物染（常見的有藍染）、泥染、生態環保染，購買時需注意廠商所提供的產品認證。

條紋及圓點測試

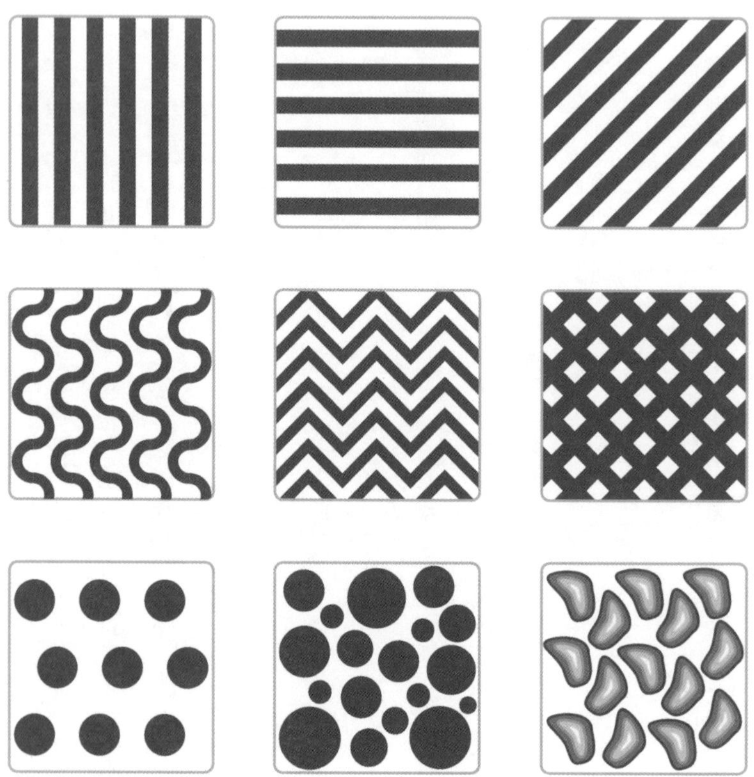

1、條紋不限「顏色」「粗細」「方向（橫、豎、斜）」。
2、產生密集恐懼症不只是圓點，密集的圖案也可能會造成不適。
3、圖案越密集、清晰度越高，產生的不適感就可能越嚴重。

二、有些設計樣式，長期使用會造成身體不適。

- 繞頸綁帶設計，特別是過細的肩帶。例如：小可愛、洋裝、泳衣、內衣以及包包背帶——會增加頸部負荷、容易讓肌肉緊張僵硬，有時痠痛會延伸到肩膀、背部及腰部的肌肉。重度手機／電腦使用者需注意。
- 緊身設計，例如：馬甲、束腹、窄裙、緊身衣褲、馬靴，若過於與身體貼合，會使某些部位被壓迫，而下半身的緊身設計會使膝蓋難以彎曲、妨礙正常走路，間接造成行動上的不便，除了骨頭、肌肉、關節負擔以外也會連帶影響到臟器的健康。
- 非人體工學的物品，例如：影響身體動作的衣物剪裁、高跟鞋、人字拖、不合適的包包、枕頭與床墊，會使用到非正常行動的肌肉及不良的姿勢，長期下來會造成身體整體的健康疑慮。

【殘留物】

材質為「免燙」「防皺」或「硬挺」以及丹寧材質的牛仔衣褲都容易含有過多甲醛，而閃亮亮的裝飾與塗層可能殘留重金屬。另外，送洗衣物、寢具之後也可能有化學清潔劑在上面，女性使用拋棄式衛生棉後面的黏膠也容易殘留在內褲[32]上。

◎如何面對

不合拍的衣物以及來自衣物的不舒適，就像是生長痛（Growing Pain）一樣，互相碰撞產生火花，因為有這些不適（不是）才能讓自己明白什麼是適合。從來沒有買錯或穿錯的衣服，這些都只是旅程中嘗試的練習。被自己弄壞的物品，也是一種得到經驗的學習。

物品來到我們的生命中，用它們的模樣來映射出我們內心中想像的自己。然後，我們換了一件又一件，就像動物身上的毛髮一樣，經過四季流轉、變換成新的自己。而這些衣櫥內實驗中的物品，就讓我們留下成功的經驗，並感謝過程中一路陪伴的嘗試性衣物，讓它們可以去其他的地方流動。

試著找出哪些原因造成自己的不舒適，是自我覺察的過程。

櫥櫃裡面的物品，就是我們面對生命旅程中，不斷往前邁進的學習。觀察自己的衣櫥，來反思自己所擁有的物品是否能夠滿足「自我維持（P.50）」的基本要素？日本政治家齊藤里惠說：「辛苦，是通往幸福的途中。」每一個嘗試的辛苦過程，其實都是一種「自我成長（P.50）」。

幸福是一種學習，是明白生命的旅程中會有陰晴圓缺，每一個身邊的物品都會陪伴我們走過「每一段」獨特的時光。因為物品就是來支持人類，讓我們看見自己是誰。

生存的記憶與能量

 好運的步驟三：找出肚子裡面的貓

人類的肚子裡，其實有另一個大腦，位於腸道中，稱為「腹腦」。裡面有數百萬個神經元，因大部分的血清素產生於消化道，所以與人類的情緒息息相關。身體會先感受到緊張、壓力，腸胃不適後，這樣的資訊才會傳到「大腦」，再由大腦去思考發生了什麼事。腹腦的

32 建議區分經期專用內褲或改用布衛生棉。

敏感程度就像是肚子裡面有隻貓一樣，時時刻刻跟我們身體的感受緊密相連。讓活在當下的貓，去感受生命的流動，並覺察生命之氣在我們身上的支持。好運不是用想的，而是一種真實的理解自己的感受。理解自己是在辛苦還是幸福的學習，來自於文化演變的衣物樣貌[33]。而肚子裡面的貓，是回到基本需求，為了平衡「生存的記憶與能量」，需要更往自己內在探尋。

1 物理身體的界線

物品的「氣味」、著裝之後的「感覺（材質）」「溫度」「重量」或思考是否一定要穿這樣的衣物。這些來自「嗅覺」與「觸覺」，需要用鼻子與身體的接觸確認。

【氣味】

新物品的味道通常是製造過程中，所產生的化學殘留物，而使用一陣子之後的味道則來自於纖維中的堵塞。人類的身體所分泌出的蛋白質（汗水、皮脂屑、血液、口水）被菌分解時會產生氣味，特別是囤積太久沒洗的衣物、太久沒替換的床單、還有好幾天只穿同一雙鞋。穿鞋留下的汗水需要通風，盡可能搭配襪子並輪流換鞋，讓物品有休息的時間，才能夠延長使用壽命。另外，去過醫院、參加喪禮、待過重味道的空間（例如：火鍋、烤肉、有抽菸），或旅行幾天累積的髒衣物、鞋子與包包，建議都需盡快清洗或是置於通風處。以免讓聞得到的氣味，以及聞不到的濁氣停留。

大自然的能量，能夠有效去除氣味與沉重的氣，使用鹽浸泡衣物後洗淨晾乾，不能水洗的物品則擦拭後置於通風處，浸泡時使用陰陽水效果更好。有時味道是來自於洗衣機汙垢太多，需要定期清潔洗衣機。如果處理過後還是有味道，有可能是布料纖維已經飽和，衣物已經完成它的使命，可以讓它回歸大地。

【材質】

需觀察使用時的「透氣度」及「吸水性」，特別是保暖與發熱衣。若布料的纖維太短或太粗，除了讓觸感不舒適外，也容易刮傷皮膚。有些人會對動物身上所取用製成的物品過敏（含有動物蛋白）。而常見的化纖材質也容易產生「靜電」，在寒冷地區有一定的危險，可在衣物上噴少許水，或抹乳霜在絲襪上。在冬天穿毛衣的前後，使用金屬物品在衣物上來回滑動，可釋放靜電。現代科技不斷的推陳出新，有非常多新的材料、製成方式，

33 好運的步驟二之2（P.167）。

每一種其實都有適合與不適合的人群，即便大部分人都覺得天然的棉麻，都可能造成皮膚失水或過敏。

【溫度】

使用的物品對「現在的自己」而言，太冷或太熱。許多人從孩童時期開始，就失去了與自己身體的連結，所以我們需要重新學習對於溫度的感受。實際上，沒有被毛的人類更須注意保暖。當皮膚無遮蓋部位越多，就越容易讓寒氣入侵，加上現代社會常見的「冷暖空調」，讓許多人忘記去體會，身體與大自然之間溫度的平衡。

太冷時身體會緊繃用力，並有聳肩及末稍冰冷的狀況，或咳嗽、打噴嚏。長期累積時會造成持續性的肌肉痠痛，甚至是頭痛。如果你有上述的狀況，須觀察自己在衣物與溫度之間的平衡。沒有被毛的人類，即便是夏天，還是建議可以穿到「不熱」再來調整著裝。

【重量】

過於厚重或版型太大的物品，身體會感受到壓力，讓肌肉不容易正常活動。像肩線過寬、袖子過長，都容易增加無謂的重量。而保暖材質的雪靴、動物皮革製的包包也比一般材質更重。我們可以用以下判斷方式：

一、穿上上衣或外套後，手臂是否可以輕鬆的舉起來？請左右手輪流往上抬至貼近耳朵後，手臂繞圈旋轉。

二、穿上褲、裙、鞋後，腳是否可以輕鬆的抬起來？請將左右腳輪流往上抬起至九十度來確認，也可以蹲下、或往前走幾步路來感受。

做這些動作時，細細地去感覺自己在移動身體的狀態……身體會告訴我們，這些物品是否與現在的自己相處融洽。只要使用起來就覺得身上很沉重的物品，表示不適合現在的自己。

【是否一定要穿這樣的物品……？】

一直以來覺得理所當然的事，真的是這樣嗎？

案例一：女性內衣（特別是有鋼圈的緊身胸罩）

身體的乳房、肩頸、背、手臂部位容易因胸罩束縛而緊繃，即便是輕微也會造成肌肉疼痛，間接影響到神經系統、血流速度、壓迫骨頭。或出現呼吸困難、食慾不振、皮膚搔癢、乳房疾病等問題。好命的步驟二之2「現在尺寸不合的」所提及「過於緊繃的女性胸罩（P.144）」通常為明顯穿不下，而在此指的是一般的內衣。

早在古希臘時就有用來包裹胸部的毛巾或布，而中國古代則為肚兜，大多都為寬鬆與保暖的作用。但現代的女性內衣形狀在一九〇〇年代才誕生，而且是為了塑造身形……在二〇一三年時紐約時報刊登體育科學家丹尼斯・魯永所做的一份長達十五年的胸罩研究，從醫學、生理學以及解剖學的角度來看，用東西支撐乳房並沒有益處[34]。只有在運動時，女性內衣才會產生支撐及保護的作用。若長期配戴不適合的胸罩，反而會引發身體上的不適，間接造成疾病。如果妳是女性，妳有問過自己為什麼想要穿胸罩嗎？練習觀察自己的舒適與胸罩之間的平衡點，也可改穿無鋼圈內衣、運動內衣、罩杯式上衣。

案例二：塑身、矯正用的衣服、褲子及襪子。

主要為「雕塑體型」以及「改善姿勢不良（例如：駝背、骨盆歪斜）」為主。通常以限制身體的活動來達到效果，所以長期穿著時容易擠壓到特定部位，造成血液循環不暢通及皮膚不適，間接造成便祕與消化不良。若非醫療建議而購買，可能會使用過度，造成身體及內臟持續緊張，嚴重時會神經麻痺。許多改善姿勢的衣物只是在物品表面上產生拉力，反而會讓周遭的肌肉失去原有的力量。

在人生的過程中，可能會因為懷孕、生病、受傷、老化或不喜歡自己現在的身材而需要某些類型的衣物。**選擇讓物品支持自己，是生命中學習的過程**，而更重要的是「如何使用」「何時使用」「何時不再使用」。通常衣櫥內有這類的衣物，表示有在關注自己的身體狀況，可以使用但不依賴，你可以選擇讓這樣的物品支持你，但不是「不用」就不行。這是我們在穿著這類衣物的重要學習。塑身、矯正衣物都是讓我們穿著後維持在我們認為適合的狀態，但通常都不建議頻繁及長期使用。人的身體會因時間改變型態，如果衣櫥內有閒置的這類衣物，表示它們已經不適合現在的自己了。

2 心理的界線

就是不想穿，來自「感覺」，需要回到內心與自己對話。

34 近年有許多性別平等的社會運動，提及胸罩與女性的壓迫議題，反對女性胸部與性的非正常連結。並提倡應自由選擇是否要穿胸罩，以下關鍵字可以查到相關訊息：#無胸罩運動 #NoBra #Braless #解放胸部。

你說：「我覺得我沒有衣服可以穿。」

我說：「現在的時代，講這句話的人，通常衣櫥裡面衣服都不少。如果你有這樣的情況，那就把你現在不想穿的所有衣物都處理掉吧！」

你說：「可是我不想要把這些衣服處理掉！」

我說：「但你不是不想穿嗎？」

你說：「現在不想穿，不代表有一天不想啊！」

我說：「有一天不存在，除非它是你的每一天。」

這些不想穿的物品……可能是不好清潔、不易保養或搭配、甚至是覺得穿起來自己不喜歡，這些都是「不想穿」眾多的原因。而不想穿、又不想處理，就會出現更多的說法。例如：購買時很貴、看起來還很新、應該什麼時候會穿到吧！可能跟本書中前面已經提及的狀況雷同，但似乎又有些不一樣？找出「為什麼不想穿」的原因，這是我們可以從擁有的物品裡看的端倪，然後將這些不想穿的「背後故事」找出來，就可以在購買時避免自己走入同樣的迴圈裡。

在每一次看到「不想穿」的衣物時，練習拿起衣物思考，是什麼原因讓自己不想穿但卻又放不掉？花時間看著這件衣物，仔細的觀察自己的起心動念，「找出不想穿的原因」然後也找出「無法放手的原因」，等你可以好好的運用自己的心與物品對話之時，你就可以明白，這些物品只是陪伴我們生命的旅人，沒有永遠、也沒有不散。

狀況一、「找出不想穿的原因」是買到過於透明的衣服，造成不方便穿搭↓「無法放手的原因」是因為衣服還是很美↓覺得很美跟透明，讓自己聯想到了什麼↓以此類推……。

狀況二、「找出不想穿的原因」是別人強塞給自己的包包，自己根本就不會想用↓「無法放手的原因」是因為人情因素不得不留下，丟了好像會發生不好的事情↓所以為什麼自己會接受不喜歡的東西，讓自己聯想到了什麼↓以此類推……。

仔細聽，肚子裡面的貓正在告訴我們身上的感受，那些看不見卻不斷地在發出聲音的訊息。如果你剛好相反，打開衣櫥看到衣服就是想丟，一樣可以套入練習。

狀況三、「找出想丟的原因」讓自己聯想到了什麼↓「回想當初購買（拿到）的原因」去探尋內心真正需要被看見的↓如何篩選物品以及不再重蹈覆徹。

這樣的練習，不只是物品的去留，更多的是人生中所記錄與播放的行為模式。

你說：「可是我有一些不得不穿的工作服[35]怎麼辦？」

我說：「工作的衣服也許你不喜歡，但學習與這些不喜歡的共生，是生命的課題。而且，物品本身是中性的，那些不喜歡只是情緒的投射。」

其實工作的衣服，是我們轉換自身狀態的工具，讓工作服去為自己承擔壓力。穿上時是認真工作的自己，脫下時謝謝工作服支持我們，而我們可以在一般日常生活中成為自己。讓不得不穿的衣物，成為切換自己與平衡的中間機制。這些工作服，其實是自己在工作時所穿的表演服裝，它們協助我們自身成為另外一個角色，但卻又可以保有自己。

我們學習從物品上面看到，需要去和解的情緒、記憶及所代表的意義，如果因為生活所需而一定要留下讓自己不喜歡的衣服，那就跟它培養感情，讓它變成心動的。物品就是你喜歡它，它就會喜歡你，如果你看到它覺得很討厭，那也只是物品映射出了自己不喜歡的那個面向。**看著你眼前的物品，與它們和解，重新的去看待物品的原貌，而非困在自己**

所投射出去的情緒中，看清什麼是藏在物品之中沒有說出口的話。

好命、好運的衣物整理，就只是回到自然的定位、屬於人這個物種的位置，這樣的過程並不是馬上就篩選物品，而是「找出自己的時間頻率」並隨著自己的步調來「循序漸進」，所有的重點都關於自己的起心動念，這就是人所產生的風水。而這樣的人生整理，是因為明白宇宙、自然與人類的和平共處，我們不是因為想要好命、好運才整理，而是我們本自具足，**我們只是藉由每次與物品的交流，看見自身的美好，並從中放下執念，看見真正的自己**。

35 此部分的內文可將工作服替換成「制服」，含義相同，身為學生這個角色在進行學習的衣服。

好看衣

符合自然循環的「命」，以及人類集體意識流動的「運」，代表了時間與生活的狀態。而這個世界與自我認知的索引來自於「觀察（Observation）」，我們的靈魂透過看見這個世界的樣貌來學習。當人類出生之後，身上所穿上的第一件衣服是在我們無意識中被給予。我們也從每一個人的穿著中，試著搜集資訊，來確認這個人的樣貌。

動物用自己本來的面貌來生活，而人類學習「裝扮」自己的樣貌來過活。

人類的物品就像是一層表皮，是無聲的向外在表達自己的方式。就像階級制度一樣，人類的外表裝扮來自於物競天擇，與性別、模樣、家庭背景有關，是一種自然的流動，無關好壞。真正的觀察，來自於看見原本的樣貌，而非進行干涉。所以，看見這個世界所有人穿著的樣貌，並非成為他人的樣貌，是從中學習，然後展現自己的樣貌。

沒有評斷、沒有對錯，只是存在。

好看的步驟一：自我認知（Self-Cognition）能力

我們使用鏡子映照出自己的樣貌，從鏡像[36]看見自己，並認出自己這件事是一個「自我認知」的能力。人類的嬰兒要到一歲左右，才能夠理解鏡子內的影像，因為看見之後需要整合資訊，包含理解「自己（個體化）」與「自己的行為（動作）」，才能識別並認出自己。許多動物看見鏡子時，會認為裡面是同種類的伙伴，但無法辨識出自己。因此動物們有時候會透過鏡子來找尋朋友，或是對鏡子裡的同類畫面產生敵意。

人類的科技發展至今，除了鏡子，還能夠從照片及影片中看見自己。我們已經不是愛上水中影像的納西瑟斯[37]，但我們卻干涉了能夠看見自己真實樣貌的機會。在我們的衣櫥

36 鏡像自我認知測試（Mirror Self-Recognition Test）是一種動物測驗，用來探討動物看見鏡子內的鏡像是否可以在「認知系統（Cognitive System）」內意識到自身的存在，以便確認是否有「自我意識」並以此推測智力。

37 希臘神話中納西瑟斯（Narcissus）是一位俊美、自負的少年，因為愛上水中自己的倒影而死。後來變成了水仙花長在湖畔，就像是低頭在看水面映射出的自己一樣。而自戀狂（Narcissism）一詞也源自於此。

裡面，有許多衣物是投射許多期望而成……

1 商業標準答案

- 必買單品
- 顯瘦款
- 每年每季流行趨勢款
- 最受歡迎的熱銷款
- 限量款
- 下殺、折扣、最低價，特別是換季時或在 Outlet 購物
- 湊免運而買，通常是覺得百搭的基本款

這些商業所營造出來的花招，讓裝扮成為一種競爭，把跟流行、過季、退流行塑造成時尚的輪迴。也讓人類的把別人的認同，看作一種歸屬。這個世界太快，有太多新的東西、美的事物。而現在的社群媒體不再單純，有太多激起購物慾望的策略，若沒有時間思考，就只好省略觀察。讓廣告台詞凌駕自身的意願，交出自主權並被商業說服當個複製人。但心中又希望自己被看見、是特別的，也不想輸別人，似乎還覺得自己永遠少一件衣服、少一雙鞋、還需要一個包……，這些原因可能來自於——

一、沒有被滿足的記憶：曾經沒有錢買、讓出或被搶走，來自於過去無法擁有。

二、情緒失衡：覺得買到便宜就是占便宜、特價不買就是吃虧，或是不想輸給別人所以才買，這樣的狀況通常同時帶有嫉妒及炫耀。

三、透過購物釋放壓力：就像非正式心理治療的零售療法（Retail Therapy），意指人們有時候遇到挫折時，會通過消費來解決自己的焦慮。以為只要擁有了，人生就可以一帆風順。以為只要擁有了，人生就可以如同照片上呈現的那樣……？使用零售療法的女性比例大過於男性，且這些購物來源大多在電視購物及網路消費。數據顯示女性最常購買的物品前幾名為衣服及鞋子。在過多壓力時，購買高單價的物品跡象也會增多。

2 形象標準答案	• 炫耀性消費（Conspicuous Consumption） • 名牌，特別是 LOGO 或辨識度很明顯的物品 • 屬於人物形象設定[38]的物品

38 簡稱為人設，原指電影、遊戲、動畫、小說等角色設定，其內容會包含外表、性別、年齡、個性、服裝、興趣、專長、背景等，來創造一個人物。現今因自媒體的發展，許多人為了讓自己看起來更專業，會刻意地打造自己所需求的形象。

許多文化對於不同指標性的外貌、行為、觀感綜合出根深蒂固的形象，也可說是「標籤化」。為了「形象」而購買的衣服，到底是自己真的是這樣，還是必須（或被期望）要是那個形象？又或是假裝成為某個形象呢？

我說：「你為了什麼購買這些物品？」

你說：「因為是名牌，如果我擁有，表示我的消費能力夠、有不一樣的地位。」

國王說：「對啊，所以我才找有名的裁縫師來做衣服啊！他們肯定沒錯。」

我說：「所以你真的喜歡嗎？還是因為東西很貴、很有名，所以你喜歡？你對這些物品心動的原因到底是什麼？」

荷蘭哲學家史賓諾沙說：「萬物都努力於維護自己的存有，一個人只要受制於外在的影響，就是處於奴役狀態。」實際上，每一個人本來就有不同的生命旅程，所以本來就會是不同的設定。許多人想要「自我塑造」，比起成為真實的自己，想要的是一個更加完美版本的自己。為了追求快速，所以就用物品來裝飾自己的外表。

你說：「是不是就像那些假名媛、假富豪？」

國王說：「我聽說有些人是租名牌來拍照，或將穿過了衣服（鞋、包）拿去退貨。」

你說：「好像還有些人是購買仿冒品……有句話這麼說：有錢的假裝，沒錢的包裝。」

我說：「所有的虛假都其來有自。想要創造擁有的假象，把殘影留在照片、影片、社群媒體，讓自己的記憶[39]欺騙自己。」

你說：「現在的時代，人設崩塌的好快。」

我說：「崩塌的不是人設，而是這個被杜撰出來的信仰。」

如果不明白物品所代表的文化意涵，只是想要表層的幻象，就會有許多的殘影行為，而人設就變成了鬼故事。許多品牌之所以成為名牌，不僅是奢侈品或昂貴的代表。重要的在於文化的底蘊以及向工藝之美的致敬，包含人類歷史、美學與經歷過不同時代的淬煉。

如果裝扮的重點放在標準答案，或追求鏡子裡面的自己是完美的，每隔一段時間櫥櫃內可能就會出現……

39 任何事情都有可能不是真的，假裝成功、假裝精緻、假裝環保、假裝靈性、假裝年輕，為了造就人設，所有一切都可以是假裝出來的。另外，照片、影片、電子產物為人生整理課的「3C類」，隸屬於不同的意涵。

- 退流行不穿的
- 撞衫、撞鞋、撞包之後不想用的
- 想要擁有，但卻沒有常穿
- 買了很久沒穿，放到舊掉了
- 怕自己沒買到很後悔，所以把猶豫的都買起來，但根本沒穿到
- 當初買的時候很貴，所以捨不得丟，例如：名牌、皮草類
- 流行度過高的設計，例如：穿起來過於浮誇的特殊設計
- 類似款式有很多件，但好幾件根本沒穿過
- 同樣款式但買了許多不同顏色，但好幾個顏色根本沒穿過
- 聽了「著魔語句」後購買，例如：像是被說穿起來很好看、剛到貨、斷貨很久好不容易有貨、其他人都買不到、你一定少了這個……事後回想起來發現自己失心瘋
- 看到誰穿過而買，但自己根本沒穿過
- 發現穿起來不像自己的衣服，可能是風格不適合

有時候還會出現「想不起來上次自己什麼時候穿過？」因為與物品的連結度過低，以

為自己在追求形象，其實追求的是鏡子中、照片裡或是別人眼中的自己是否好看。就像很多人在挑選衣服是否留下或購買時，會問自己「這，是否為自己加分？」

請問，是誰在評分？那些需要符合形象、顯瘦的又是符合誰的標準？

就像虛構劇情需要人物形象設定，要讓觀眾能分辨每一個角色，但現實生活中的我們真的需要人設嗎？如果我們都追求標準答案，那這個基準是誰來判斷？有些事情，大部分人覺得不要做錯，似乎就可以求生。只用視覺確認，卻忘了真實的自己。你的感覺到底是什麼？對於靈魂來說，人設不存在、標準答案也不存在。存在的只有真實人生，是綜合許多因素而成的心理狀態與行為舉止，也是靈魂的設定——這才是我們真正要規劃的自己。

我們是來跟這個世界學習的，不是來「被」這個世界打分數的。

鏡子裡面不應該只看見渴望[40]，「自己，就只是存在。」我們就可以單純的看見自己，

40 參考資料：《哈利波特：神祕的魔法石（Harry Potter and the Philosopher's Stone）》裡提及，在霍格華茲魔法與巫術學院有個意若思鏡，上面文字倒過來書寫為「I show not your face but your heart's desire（我顯示的不是你的臉，而是你心中的渴望）」，校長鄧不利多說：「鏡子本身不能交給大家知識，也不能讓大家知道真相」。

然後從鏡子裡面看見自己的臉。讓我們一起在鏡子面前看著自己說：

我是〇〇〇（你的真實姓名，這一句請重複三次），

我是這個世界上的唯一，

我愛我現在的模樣，我愛我看到的所有，

這個世界因為有我，才因此而完美。

〈整理之路的完美宣言之六〉

如果你想要為自己的外表、裝扮有更多學習，現在有許多形象、服飾搭配、造型穿搭的諮詢顧問或課程資訊可以參考，協助找出屬於自己的風格。但更重要的是，所有的裝扮來自於「自我認知（P.50）」的真實，而非為了展現給他人看。不是聽專家說的，也不是看雜誌上寫的……你需要的只是——認出自己的美。

誠實的從鏡中看見真實、不偽裝的自己。

留下可以支持你的真實，那樣的衣服就是最美。

好看的步驟二：非二元（Non-Binary）

衣著是一種符號象徵，所傳遞的資訊包含了不同年代人類對於「事物」的認知，有著歷史背景的秩序，也有性別權力背後的好處。現代（二十一世紀前期）因受到西方文明在文明法則史學週期內的「發展期」影響，目前全世界的服飾樣貌以西方的物質文明所發展為主流。觀察西方服裝史的發展，早期的歷史紀錄中大多為一件式的垂掛服裝，直接將布纏繞於身上，並無明顯的性別區分。約在十四世紀左右的文藝復興時期，因工藝技術的發展，讓衣服樣式產生變化，開始出現上下兩件式，以及用來區分個人風格的服飾配件。當時男女工作型態不同，因而產生服裝的性別差異。邁入十九世紀的工業革命期間，縫紉機被發明，取代傳統手工，因此衣物開始從「量身定做」轉向「成衣[41]」。物品的樣式可以被大量、

41 成衣（Garments）是工業革命的產物，屬於「量化」的產品。因為大量製造的平均成本可以降低，較符合經濟發展，生產方式照一定規格、標準並機械化、統一化。所有生產製成都有固定模式，所以可附上標籤說明成分、型號以及如何洗滌與保養。

快速的複製以及普及，人類的主流消費轉為購買大型工廠製造出來的服飾品牌。

因此東方文明的服裝，則退為「民族傳統服飾」，與一般主流比起來，較為少見與式微，量身定做的衣物則變成少數商業訂製或自行製作。靈性主義的東方，服裝著重「意象」，而物質主義的西方，服飾著重「形象」。發展至今，原本只是身體外面的包裹之物，現在已經成為區分人類的產物。形象，意指事物的特徵、視覺展現、有著具體的輪廓樣貌。因此造就了不同的規範，讓人身體的外觀產生了條理及一致化。從出生開始，大多數的人因生理結構[42]被分化成男性或女性，現今的衣物也有許多的規範讓人類感到迷失……

1 性秩序：以「性」為主軸，包含不符合人體工學或不具舒適性的服飾，並帶有「色情暗示」的設計。

- 有性暗示圖案或文字的衣服，例如：雙關語的不雅文字、色情圖騰
- 低胸，像是深V、露乳溝的衣服
- 束腰
- 超短褲、超短裙
- 容易走光的低腰褲、露股溝的褲子
- 特別做破洞在靠近性徵的衣褲
- 設計開衩到靠近性徵的衣褲

- 半透明、若隱若現材質、薄紗、洞洞衣物、網襪……
- 有色情隱喻的衣物，例如：塑料感的皮衣褲、情趣衣
- 裸露身體部位太多的衣褲
- 刻意設計非衣物功能外的裸露
- 刻意突顯身體形狀、性徵的衣物，例如：塞胸墊、擠出乳溝、突顯性器官的緊身褲、屁股墊
- 在某些狀況，高跟鞋也是一種性暗示

你說：「有時候裸露與裸體是可以展現自我的一種方式啊！」

國王說：「但我覺得帶有性暗示的裸露與裸體[43]是不一樣的……」

我說：「事實上，穿衣服的只有人類，除了保暖以外，學習如何穿、怎麼穿、何時穿

---

42 不符合男或女性的二元概念為雙性人（Intersex），即便在生理結構上包含兩者，但常被這個世界規範區分為偏男性或女性。

43 裸體主義者（Nudist）又稱天然主義，是一種回歸自然和諧共存的生活方式，通常會有特定的場所透過社交裸體來表現平等，重視尊重自己、他人與環境，與色情跟性無關。

都可以展現自我。穿多少、穿什麼與不穿，只是自己的選擇而已。」

國王說：「我認為我穿著新衣，大家都會看我。」

我說：「最終，這些穿與不穿，只跟你自己有關係，旁人只是一面鏡子。」

被蛇誘惑偷食禁果的人類，對身體感到羞恥是因為投射了非流動的思緒，而階級的殘影又讓這些思緒變成了暴力。在自然界裡，所有的生靈都是沒有穿衣服的，因為身體的裸露本身就是自然的狀態，所有的展現都來自於物競天擇。但唯獨人類，對於裸露與衣服會有性慾、羞愧……的情緒，性本身是宇宙的心（新）生能量，是殘影將性汙名化。真正的性，來自於物種繁衍的需求，與宇宙能量的共振。流動的性是「情色」，在精神層面與感受上的交流，萬物平等、沒有分別。而非流動的性是「色情」，追求刺激與滿足慾望，並帶有強制行為。

情色是流動的情感產生出光的幻化，而色情是人類強留光的上癮停滯。

裸露是自然的樣貌，但不該侵犯別人的舒適度，身體的美不是在視覺上強迫他人的關注。展現自己的健康，即是最好的吸引力，跟裸露身體多少無關。人類種族因為自己的需求而「穿衣服」或「脫衣服」，腦部發展使人得以創造物品來支持自己。你想要怎麼使用衣服來展現自己的吸引力？是美麗、是帥氣，或者是希望大家一直只看著你呢？

雙方合意的性暗示服裝可能來自於工作指定、表演，或是伴侶之間的穿著，一般人理解的裸露服裝可能是與功能性有關的運動需要，都是一種自然循環，來自於流動的生命。身體的展現來自於健康，而非色情的試探。衣服無法代表一個人，不管穿上什麼都需要回歸內心的平靜。如果你一定要在別人面前穿得少，穿的裸露才能夠當自己，那似乎有些自己看不清的模糊面向，讓你躊躇不前……。

你說：「年輕或身材好裸露倒是沒關係，但……」

我說：「所以你覺得身材符合大眾標準，才能夠穿某些衣服嗎？」

你說：「我沒有以貌取人，我只是覺得太胖不好看，或是年紀[44]太大不能看。」

我說：「與萬物分別之時，我們就會被胖瘦、年輕或老化的二元分化吸引。而這些評斷來自於性的誤解，只著重外在樣貌的形象。」

44 來自於「年齡歧視」（Ageism）。

國王說：「所以說別人胖，說別人老，其實是拿色情的眼光在貼別人標籤嗎？」

我說：「會把胖瘦、年紀當作評論的重點，是把人的身體物化為肉塊，而非有感情的靈魂。這個世界，有時候只是想說服大家成為標準身材，以便成為一模一樣的螺絲釘。」

2 性別秩序

衣物的穿搭中使用的顏色及款式，會依據性別的形象，刻板的分類為「男性化」或「女性化」。就像許多人會把白天的太陽形容成男性、而夜晚的月亮則為女性。

♂陽剛、帥氣、理性、專業……

♀陰柔、美麗、感性、優雅……

案例一、「顏色」的刻板印象：為什麼男性＝藍色，女性＝粉紅色？

色彩是在第一次世界大戰之時開始作為「社會性別」的區分，各個國家使用不同顏色來表示孩子們的個性，但當時的社會並沒有確切指標。在一九一八年商業性出版物Earnshaw's Infants' Department 文章內提及：「普遍來說，粉紅色是堅定果斷且強大的顏色，適合男孩。而藍色精緻與講究、較為柔和，適合女孩。」當時粉紅色被視為淡色的紅色，所以代表意義也跟紅色所指稱的勇氣（血的顏色）有關。事實上，每個顏色在不同時代、不同文化背景都有不同的意義存在。

在工業革命時代，西方男性穿著深色的機會較多，因為大量的工廠興起，當時工人的制服都以耐髒耐磨的深色[45]為主。在戰後的美國，商業方式採取「區隔化」的行銷，提倡男女服裝顏色不同，以利性別區分，希望透過顏色所被賦予的意義來刺激銷量。同時設計師開始運用粉紅色系在裙裝上面，賦予甜美的形象，將粉紅色塑造成女性的色系，拿來使用成女性的身體、裸體或是色情的意涵。

當消費者建立刻板印象，就容易被說服去購買「對應自己」的物品。只要被制約，似乎就可以讓大家忘記思考。

---

45 勞工階層的藍領。當時用帆布做成的靛藍工作褲深受美國淘金工人的喜愛，也是最早期的牛仔褲（一八七一年 Levi's）。

最一開始被明顯定義「男性＝藍色，女性＝粉紅色」是童裝的製造商，而後延伸到玩具或其他物品上，直到現在。所以，顏色被定義成有性別上的區分，其實是來自於商業陰謀，就像古代用顏色劃分人的階級制度。只有殘影效應才會讓人覺得什麼顏色好或什麼顏色不好。就像白色可以代表死亡的悲傷，也可以代表婚禮的喜悅。顏色被人類所定義，來自於對事物的「分別」。實際上，顏色源自大地，不分彼此，沒有性別差異與能量的好壞。每一種顏色都有它存在的意義，是萬物演化的智慧。

你說：「可是我穿〇色看起來比較白。」

我說：「為什麼白一定比較好看？」

國王說：「難道連皮膚白[46]也是一種制約嗎？」

我說：「人類的皮膚本身就有自己的顏色，只要健康就會透亮。但為何要追求白？」

原本的自己就很美，每一個人的膚色搭配喜歡的顏色，就是獨一無二的存在。

如果你的衣櫥內有以下衣物，你可以重新思考這些衣物對你的意義？

- 因特定色系而購買
- 因想展現性別特質化而購買的顏色
- 一直以來都偏好特定的色系
- 因為穿這個顏色皮膚看起來特別白

它們是能夠支持你成為你自己，還是成為別人希望的你？

案例二、「款式」的刻板印象：為什麼男性穿褲子，女性穿裙子？

在東西方文明的歷史當中，男女大多都是穿著垂掛服裝，以現代的區分方式就是裙裝。《辭海》解釋「裙[47]」的意涵為：「古謂下裳，男女通用」。在羅馬帝國時期，戰士為

46 膚色種族歧視（Colorism），亞洲、非洲對於淺色肌膚的崇拜來自於富裕的追求，是人類歷史上的偏見。

47 東方服裝史出現褲子的時代約在戰國時期，當時趙武靈王為了跟匈奴交戰，而改變了服裝樣貌，讓戰士穿上了褲子以方便騎射。

了方便在戰鬥中快速行動，開始穿著短裙，當時短穿裙被視為強壯的意涵。而歐洲中世紀的許多男性打扮是帶著長假髮、佩戴珠寶、穿著蕾絲或薄紗、荷葉邊及緞帶蝴蝶結、緊身褲搭配短裙。當時男性的時尚發明出絲襪、尖頭鞋與高跟鞋，但因時代的轉變，許多的服裝型態被性別分化了。目前只剩下部分傳統服飾中有男性的裙子，其他都可能被稱為變裝。

你說：「所以男生穿裙子是正常的？」

我說：「衣服從來沒有性別的區分，是商人與社會的制約讓服裝有了分化。」

國王說：「衣服為什麼要分是男或是女才能穿？」

我說：「因為那些不明白自己是誰的人，需要被標籤化。」

自己是誰，不該被這個世界的制約所決定。

在東西方的各個時代，女性穿褲子都是經歷過一番的變革，但現代可以穿上褲子與裙子的女性占據了這個世界打扮的主流，而男性的裝扮就被壓縮。在自然界裡，本來就是雌雄同體，甚至在求偶期，雄性的毛髮會變得比雌性更加的色彩繽紛……所以人類到底發生了什麼事？許多人用穿搭來塑造自己，以便讓別人認識自己是誰。但，你真的知道自己是誰嗎？問問自己，到底是因為你是你，所以才這樣穿，還是因為你是男性／女性，或自己想要認同的性別外貌才這樣穿？其實，你現在喜歡的衣物，只是這個世界某些想要如此發展的人，所操縱出的產物。

所謂審美，只是現在大多數人的選擇。**因為這個世界上沒有不美的東西，所有的物品都有其出現的緣由**。想要鞏固任何「分類」的事物，都是一種停滯。分化人心、分化性別、分化美醜，以便讓人忘了我們都是光的一部分。

我們是來跟這個世界學習的，不是來「給」這個世界打分數的。

每個人都可以選擇自己想要穿著的衣服、顏色、型態，因為衣服是我們探索自己的一個工具。性別的二元化分，只是人類對於物質身體的粗略認知，但性別從來不是固定的面相。到底什麼叫男性（雄性）？而什麼又叫做女性（雌性）？我們的「自我認同（性別認同）」與這個世界對於「外表的認同（外貌在當今時代的評價，又稱性別氣質）」被區分的原因，只是因為需要被分類收納。有些人沒有辦法找到自己的所處位置，會感覺到害怕，以為自己不再是光的一部分。用恐懼對待自己，也用恐懼來評斷別人。只有人類，才會把事物「分化定義」成溫柔婉約或男子氣概，然後把所有的不確定性怪在某種顏色或服裝樣式上。

一個生理女性可以穿上藍色的褲子與球鞋，而一個生理男性也可穿上粉紅色的裙子與高跟鞋。

你說：「如果衣服不分類，我怎麼知道對方是男性還是女性？」

我說：「為什麼你需要知道對方的性別？」

你說：「如果不清楚，我就不知道如何對待對方……」

國王說：「只要是我能夠穿上的，我就敢穿。我才不會因為一件衣服就變成不是我自己。即便是性別，也無法定義我。」

我說：「以為自己與光分離的人類，被分化吸引、也想分別他人。」

沒有任何人可以定義你，除非你定義了你自己。

我說：「歷史上的女性，為了想要跟男性平起平坐，會特別模仿男性的樣貌。」

國王說：「其實貴族男性的我們穿著蕾絲裙子，還有高跟鞋。」

我說：「有時候特別喜歡穿著裙子的女性，其實潛意識裡想贏過男性。」

所以，衣服只是表面上穿著的樣子而已嗎？那些小女孩的公主夢到底是被什麼古老回憶所驅使呢？

你說：「這樣聽起來，那些被說成性幻想的衣物，其實原本都是為男性而設計的。」

國王說：「所以這些說性侵跟衣物有關的人……到底發生了什麼事？」

我說：「用性暴力來侵犯其他人的身體，是一種強占的生命的謀殺行為。而說性侵跟衣物有關的人，是蓄意的扭曲界線。他們都沒有真實的面對自己，通常是曾經被傷害過，所以也只能用這樣的行為去面對他人。」

誰是我？我是誰？

好看的步驟三：成為你自己

許多人羨慕雜誌中的穿搭，似乎隨便穿都好看。事實上，有時候你看到的這些人不是會穿搭，而是穿出某種特定的樣貌。每個人都想要展現自己喜歡的樣子，但很有可能因為工作、家庭、同儕等因素，讓我們自己以為喪失這樣的權利。這個時候衣櫥裡面就可能會出現，買來但從來沒有穿過的服裝。這樣的衣服其實來自於「我想要成為這樣的人，但我的環境不允許」，所以⋯⋯

禪宗第二十七祖般若多羅尊者，對南印度國的三王子說：「未曾生我誰是我，生我之時我是誰」，這句話因此深深的留在這位王子的腦海裡，後來王子毅然出家，成為我們所知的達摩祖師。人的一生中對於所有事物、不論大小，其實都是在找自己是誰。我們到底從何而來，該往何去？還沒有成為這個身體，被父母生出來之前，我們是誰？

衣服是身體之外的身體，用來展現自己、也可用來覺察自己。衣類物品有著看得見的樣貌，還有看不見的氣在流動。一個人身上的氣，會影響物品呈現出來的感覺，例如：樸實、溫暖、勇氣或風塵味、窮酸味、暴發戶⋯⋯若靈魂之氣與萬物平衡，反而只剩下安靜，沒有過多的印象，也不會存在過少。就像陽光、空氣一樣，只是存在。在探尋自己的過程當中，人類對於衣類物品的使用產生出不同的分類，例如：

1 非一般裝扮

- 奇裝異服——不同於社會風尚的穿著，而不同年代有不同的觀感，無法定義出是什麼打扮
- 角色扮演（Cosplay）——裝扮成動漫、遊戲、電影中角色的樣貌
- 次文化裝扮——蘿莉塔、龐克、歌德、辣妹（Gyaru）……（以上截至二〇二〇年）[48]
- 異性裝扮（Cross-dressing）——被稱為變裝、異裝、反串，通常會被認為跟性向有關
- 民族傳統服飾
- 古裝——有時候與民族傳統服飾會重疊
- 跟宗教、信仰有關的服裝

48 次文化是對於主流文化而言的小眾文化，但可能依據不同狀況，逐漸被一般人接受後變成主流文化之一。而辣妹（Gyaru）風格原指一九七〇年代日本年輕女性的裝扮，被稱為 109 辣妹。例如：黑臉裝、泡泡襪……，現在則指十到二十歲的日系女性潮流裝扮，但又與一般大眾所喜好的裝扮不同。

你說：「這些特殊裝扮不算一般外出著裝！」

我說：「所以你看到有人穿僧服，你會認為是奇裝異服嗎？」

你說：「當然不會，因為穿僧服是代表立場，遵守宗教的信仰。」

我說：「其實，所有的衣服都代表著自己的信仰。這些非一般服飾，並非特別，而是選擇這樣穿著的人，在整體人口來說為少數族群。」

你說：「可是每天這樣穿不會不舒服嗎？」

我說：「你又不是他，怎麼知道他的感受呢？也許他覺得這樣的衣服比較舒適啊！」

你說：「穿這樣怎麼生活？」

我說：「難道穿不符合一般大眾認知的衣服，就不能生活了嗎？如果是這樣那穿任何衣服是否都要符合『標準答案』或『秩序』呢？」

穿著表現是一種信仰，人類用衣物來遮住大家都一樣的身體與皮膚，用這些不會說話的物品來說出自己想要呈現的個人價值。不管是否是追求美或藝術，或是找尋自己的方式，甚至是希望被大家注意……這都是觀察而成的資訊，而非實際上的定義。就像修行之人一樣，穿著其實就是自己對自己的定位。衣服是「回歸自我」的信仰，你可以把衣服當作嗜好，也可以把衣著打扮當作變身。也許不符合社會的認同，被拒於門外、當成特殊族群、被口出惡言……其實這些都只是一般人對於外表的偏見而已。

就像現在很少見的民族傳統服飾，大多只在節慶時才會有人穿著。但曾幾何時，民族傳統服飾才是最常被穿著的衣服。台灣這塊土地，在可考據歷史上是多元的民族所在，除了原住民外，經歷了西方文明的荷蘭與西班牙，東方文明的中國南明、清朝與日本。在距離全球服飾同化前，最靠近現代時期的民族傳統服裝是融合了漢服、西洋與日本的風格，像是中式長衫、大襟衫（大祹衫）、藍衫、中山裝、旗袍[49]等。

翻開雜誌，可以看到琳瑯滿目的服裝形式，想要隨性的嬉皮風、民族風、波希米亞風，想要書卷氣息的學院風、文青風，想要有活力感的運動風、休閒風或嘻哈街頭風，想要小清新的自然風、田園風、森林系，或是展現時代感的復古風、西部風、甚至是前衛風、未來風，還有極簡風、中性風、男孩風……然後又分為歐美感、韓版、法式……這些也是許許多多不同的風格，也會因為時代的轉變，而發展成另外一種樣貌。以上提及的部

49 女性所穿著的旗袍前身，也是從男裝轉變而來。

分，也曾是次文化裝扮之一，但因商業推展，開始穿著的人多了，就自動演變成一般的主流服飾。

你說：「這些服裝風格是流行，跟上面的非一般服飾才不一樣！」

國王說：「為什麼衣服的風格需要被分類呢？衣服不就只是衣服而已嗎？」

我說：「人類的盲點就是把一個人的穿著，當作這一個人就是誰。到底是你在穿衣服？還是衣服在穿你？」

相對於上述的非一般服飾，在服裝上用衣物來展現各種風格的著裝方式，反而是更多數人在尋求的個人法則。這個時候衣櫥內可能就會有以下物品……

2 穿著搭配術

- 多種穿法
- 百搭款
- 可雙面穿
- 各式各樣的衣物配件
- 特定效果，例如：顯瘦、顯白、顯高
- 特定風格，通常為主流服飾

許多追求風格打扮的專家、雜誌、網路名人，可能會告訴我們說，要怎麼穿搭才能穿出「某種特定的風格」或是達到「某種特定的效果」。而商家也會推出一物多穿、一件抵N件或使用配件讓衣物變化成許多不同的樣貌。似乎衣物一定要有一個「表現出自己是誰」的功用，不然這個物品就無法為你加分。

你說：「我想用穿搭讓我自己看起來更美，可以呈現這麼多樣貌不是很好嗎？」

我說：「為什麼，美需要千變萬化呢？」

你說：「因為這樣才能夠展現我自己不同的樣貌！」

我說：「對於靈魂來說，每一言一行已經在展現千變萬化的樣貌了……」

讓我們回顧歷史上的服飾，在符合生理需求的保暖、保護之後，開始衍伸出分類社群種族的「識別」，然後出現展現自我的「表達」，經過幾千年，人類到底是如何看待衣服對於自身而言的關係呢？

你說：「我希望衣服除了好看，穿起來可以讓我自己更年輕，感覺更有活力。」

國王說：「我希望我穿著漂亮的衣服，大家都可以看我。套句你們時代的說法就是，回頭率高。」

我說：「每個人都可以藉由衣服，讓他自己成為想要成為的樣子。」

你可以選擇花許多時間去購買、挑選、搭配衣服來展現自己，當然也可以每天都穿著一樣的衣服，重點在於什麼是你最重要的需求？有些人認為穿搭展現自己重要，而另外有些人認為只要好看，所以同樣的衣服好幾件一直穿也沒問題。甚至是看了「成功人士都穿同樣衣服」的論點後，決定減少穿搭時間、減少決策，購買相同衣服很多件來呈現「每天都只穿一樣的」穿搭風格。或是為了健康、養生目的，只穿特定材質、特定樣式、甚至是特定品牌的衣物，從追求看得見的外表、到追求看不見的理念，其實這些都只是把力量放在外在物品上的迷思而已。

穿搭的確可以幫助一個人外形好看，甚至是達到身體欠缺的健康保護，但這樣的起心動念，對於你自己而言是「創造」還是「侷限」呢？你在使用衣物的時候，是帶著怎樣的心情在穿著呢？是我覺察到自己的需求，而穿上了這件衣服？還是因為我的恐懼？需要好看、苗條、遮掩年紀、害怕疾病、不想做決定等原因，我才穿上了這件衣服？甚至是我根本不在意我穿什麼，因為我擔憂的不在這個當下……為了什麼原因而穿上了這件衣服，就是每個人在追求的不足之處。如果追求美，永遠會有更美的東西在引誘著自己，如果追求不想思考、永遠會有更多想要讓你不願意思考的事物出來煩心。

你說：「我害怕自己不穿的出色，其他人就看不見我……」

我說：「真正的裝扮是找尋自己，而非跟他人比較。」

衣服，就只是衣服而已。就像每一個物品一樣，依據你的使用來區分，永遠都會有無限的目的性可以被選擇，就像服裝形式，會隨著人類對於物品的想像而不斷的變化新的風格。不論你自己有多少的面向，你就「只是你自己」而已。在此，根據你的使用，衣服對你而言到底是什麼呢？這才是更重要的事。當理解之後，就可以真正的放下。不需要在汲汲營營的追求那些需要被認同的外貌，因此，終將回到屬於你自己真正的位子上，閃耀著你自己獨一無二的個人價值。

你存在的這件事，成為你自己散發出來的光，像是身體裡面的火，來自於內心的太陽。理解自己的人，不需要追求外在的光芒，而是點燃內心的醒覺，讓自己成為獨一無二。

即便是眼睛所見，每個人所看到的世界也有所不同。

當「見山是山」，便認為衣著外相有需要遵守的規則、追求的形象，然後發現「見山不是山」，理解衣著是遵循自己的內心，展現真實樣貌的方法。最終走到了「見山又是山」，一切事物沒有任何的限制。即便是活在別人的評價裡，或是堅持在自己的觀點裡，穿上衣服的永遠是你自己，只有你才能夠感受到皮膚與衣著緊密連結的接觸，也只有你自己才明白，擁有或不擁有帶給你自身的是支持還是壓力。

有時候閉上眼睛，「心」才能夠看得更加清楚。

人，為什麼要穿衣服？

身體是為了體驗在地球上的旅程，而幻化成的軀殼。所以，靈魂的氣息隨著人所選的衣服，被具體化的展現。穿衣服是一種挑戰，也是一個謙卑學習的過程。

清楚「衣服本身（來源、材質）」，知道「為什麼要穿衣服（選擇）」，理解「穿上衣服這件事（自由意願）」，明白「穿衣服所代表的涵意」……瞭解穿上衣服之後的自己，是自己在穿衣服，而非被衣服穿上。知曉能夠穿上衣服這個行為的起心動念，並懂得「衣服只是支持生命」。

對於一切衣著，沒有懸念、亦無罣礙。宇宙的奧祕，皆在念想的流動當中，而當我們可以放下固著，就能夠讓衣服成為愛的本身。

衣服是光，在看得見身體之外，流動在看不見的身體上面。提醒著，我們是獨一無二，但又彼此緊緊相連。

第三節　生命的戲服

今天的你要穿上什麼，而你今天又代表了誰？地球上的生命，來自於陰陽融合，就像是天空與大地，是生命中注定的相遇。每個人身上的血脈，一半來自於父親、另外一半則來自於母親，是出生之前靈魂的選擇。也是出生之後，靈魂需要學習的課題。在我們之內都有「內在父母」，是男女陰陽雙性特質的靈魂管理者。他們代表了與自己連結的「情感」關係，也反映出向外在展現的「感情」關係。

在人生中，每個人的自我價值，都帶有成長過程中的經驗。是一種觀察與嘗試的練習，每個「曾經被阻擋的記憶」，造就了內在父母的權威，也讓「對外在的渴求」，變成了驅使自我展現的背後動力。內在父母像是你在理解自己之前，早就存在系統內的程式，而在你探尋自己之時成為內在力量的資源，他們提供愛、智慧、力量與安全感，同時也提點出自己需要被認可的部分。內在父母不是你的血脈父母，但他們是你內心中所認為的理想父母。

我今天要穿上什麼，而代表我今天的自己是誰？是什麼角色？那些「被阻擋的記憶」與「殘影現象」是期待著被光流入的缺口。生命是一場自我探尋的故事，你身上所穿的衣服，就是「人生目的」的戲服，你想藉由穿衣來成為什麼？而你是否又能明白穿上戲服是在演怎樣的劇目？人，可以藉由穿上身體的衣服，來進入自己想要展現的樣貌。用物品來支持自己，但知道物品不代表自己。所以，是誰在穿衣服？

一個人擁有的衣服、鞋子與包包，是個人價值的拼圖，也是內在與外在相遇的工具之一。當穿上衣服這件事，能夠在白晝之時與「氣」共舞，讓情感與感情交融，那我們就可以在光之中，真實的表達自我。

我，穿上衣服，即為我，穿上了光。

三元素

物品來到人類的生命中，是來協助我們的生活。在整理之時，需要先找出自己何時運用這些物品。衣、鞋、包這三樣物品對你而言，什麼是最重要的？

請使用下述問題，來找出自己的「關鍵字」。（每個題目可以寫下一～三點。）

- 在皮膚與外在環境之間，哪些要素是你覺得重要的？
- 物品穿起來的感覺，有哪些是你在意的？（請形容與描述）
- 穿上衣、鞋、包的自己，希望可以呈現什麼樣貌？

花一點時間，停在這邊，好好的思考。人生模擬之旅需要理解，什麼才是自己真正需要與被關注的。在寫關鍵字時，請記得回顧你的日常生活。在生活的每一個片刻當中，衣物對自己而言到底代表了什麼？而你自己又在裡面扮演了什麼角色？

保護、保持、保存

一、保護：衣類及鞋類物品可以避免與外物直接碰觸，包含溫度、紫外線、蚊蟲、他人的視線、地上的崎嶇等。為了維持生存的安全，需要確認自己身體的狀況與所處環境之間的平衡。生物體內的溫度，是生存的「命火」。人類使用衣物來取代被毛，藉由衣物在身體的外圍，讓溫熱的「氣」可以流動，是一種「生」的能量。就像生命是從宇宙大爆炸的熱度開始，而逐漸變冷就會走向死亡。

你說：「用風中殘燭來比喻老年人活不久，是隱喻命火嗎？」

我說：「人身上的氣，就是火。而火產生的熱，就是一種顯化的能量。」

在選擇穿上的衣物時，如何讓體溫可以維持在良好的新陳代謝循環中，是維持生命的首要考量。命火，就像是愛的光，代表著溫暖以及生命力。過多的火會成為燥，而過少的火會變成虛，我們每個人身上的命火，就像是在身體之內向上盤旋的熱氣。當身體體內的命火可以與外在的環境產生和諧的震動時，就能夠與四季幻化共舞，而火的奔放就會帶領著我們與宇宙相連。用衣物來保暖身體時，需考慮身體裡面的三個腦，可使用「衣物配件」搭配服裝加強局部保暖。

- 頭腦（整個頭部）：帽子、頭巾、保暖耳罩、口罩。
- 心腦（心臟周圍——胸、上背、肩、脖、頸）：圍巾、圍脖、絲巾、領巾、披巾。
- 腹腦（腰、腹部[50]）：肚圍。

維持命火最適合的穿著，其實是裸露的皮膚上皆有一層覆蓋。使用寬鬆的布盤繞於身上，並且自然地垂掛，就像最原始樣貌的衣物，而許多民族傳統服飾也保留了這樣的優點。比起現在常見的上下分開的兩件式著裝，一件式的長袍更能夠讓身上的氣可以自由的流動。另外，離三腦最遠的末梢部位，對於現代人而言也需加強保暖，因為現在的許多文明產物，讓人類的感知被侷限在人工的舒適圈內，而非自然的循環。

- 四肢（手部、膝蓋、足部）：手套、襪子、絲襪、襪套、鞋子。

〈計算公式〉

符合「所處環境」與「四季」的平衡原則。過度使用空調、電扇，會讓身體所產生的熱能釋放時被強烈的影響。盡可能不要讓頭、心、腹三腦被寒冷直吹，不管是自然的風或是人工產生的氣流。

你說：「我一直覺得冷氣房的冷，跟天氣寒冷好像不一樣？」

我說：「人類製造出來的冷與熱，是一種強硬的改變。就像是白人進入紅人的土地一樣，用權力侵略了自然原有的溫度。」

就像是在路上讓風吹拂，與騎車被風迎面撲來，這兩者對於身體的作用完全不一樣。我們需要學習找出相對應的「狀態」，使用相對應的物品。當怕熱而習慣待在冷氣房之內，所產生的平衡機制，到了冬天就會變成怕冷。我們應該學習與自己身體對話，讓衣物可以支持自己現在的狀態。衣物配件可以在提升體溫上達到良好的效果，而且在整體造型風格上，配件可以有更多的變化。另外，質量好的外套、帽子、襪子也是保暖的利器，或是疊穿衣物。如果這樣的穿衣讓你覺得太過於沉重、不好活動，那也可適時使用熱水袋或喝溫熱飲保持體溫。若有衣物外觀的規定（例如：學校制服、工作服），在衣物內選擇保暖腹腦的肚圍是最佳選擇。

每個人認為需要保暖的部分，會依據自己當下的狀況而有所不同，保持「覺察」明白自己現在需要「相對應」的是什麼物品。在寒流來臨或前往比自己居住地更低溫的區域時，建議加強保暖「脊椎（身體能量的匯集處）」，像是加穿背心，只要脊椎保持溫暖，也比較容易讓大部分的肌肉維持溫度。

二、保持：衣類物品可以保持身體的狀態，是皮膚上的另一層皮膚，若能夠維持衣物乾淨、清爽、透氣，便能讓身體的氣可以順暢的流動。若是衣物被弄髒、淋濕或流汗太多、甚至可以明顯聞到沾染的氣味時，就會建議替換。盡量不要一直穿著流汗的衣物，因為汗液是排出體內不需要的，對於身體來說是一種濁氣，若一直穿著容易讓身體再次吸入。夏天或運動時，除了衣服要常更換以外，也別忘了襪子。學習試著找出每日行程與衣物替換的基準點來準備，是對自己身體理解的過程。鞋類物品是腳的延伸，穿著舒適的萬用鞋，然後把工作用的皮鞋或高跟鞋帶著替換。讓物品維持身體的舒適，而不是變成身體上的不舒適。

因為有一天，這些覺察會帶我們走向衣物、身體不存在的境界。

〈計算公式〉

符合所處環境與自己「能力所及」的平衡原則。選擇透氣又可保暖的材質，並在自己覺得「不會負擔的範圍」內攜帶與替換。同時，這個平衡原則會影響到何時清潔物品與擁有物品的數量。

在人生整理課中稱為「1＋1準則」，穿一件帶一件。

你說：「可是要帶著替換的衣服與鞋子很麻煩……」

我說：「你覺得這個麻煩從何而來？」

國王說：「讓自己身體保持舒適，不是才不麻煩嗎？」

我說：「我們習慣忽略自己的感受，只想著多帶的麻煩，卻願意忍受穿著被汗濕透的衣服或鞋子的不適。我們對自己的生活到底了解多少？我們真的愛自己嗎？」

有時候，明明有乾淨的衣物、有舒適的鞋子可以替換，但遲遲不去做，這個不願意去替換的因素到底是為了什麼？在你穿衣服的時候，與皮膚接觸過的地方已經開始增生看不見的菌，而皮膚上油脂也會跟環境中的臭氧結合，造成空氣混濁。不但會影響到自己的健康，也同時會間接影響到身處同樣環境的人及生靈，特別是患有呼吸道疾病的人。同樣的狀況也會發生在看起來、感覺還沒有髒的衣物上，穿過數次未清洗的衣類，不論是穿在身上或放在空間中，都會是環境中空汙的來源之一。

所有「穿過」的衣物，只要能夠掛起通風後再穿上，都可以讓自己穿起來的感覺更舒適。直到可以清洗之前，我們也需要學習面對如何去讓自己的感受與物品之間找到平衡。

你說：「我聽說減少清洗，可以讓物品的壽命變長？」

我說：「頻繁洗滌的確會讓物品磨損，但讓髒污在物品上太久一樣會讓物品破損。找出何時清洗衣物、保養鞋子、替換床單，都是一種感官的覺察。用看的、用聞的、用摸的、用感覺的，太常清洗與太久沒清洗的平衡，也是我們對身體界線的經驗。」

三、保存：保存的原始定義為保管收存，意指維護標的物不受到影響、受損或產生變化。在人生整理課，引申為保有自己「存在當下」的狀態。在相對應的「場合」，使用相對應的物品時，每一個當下得以保有「存在」的狀態。在工作場合時有固定的制服，在家有居家服，睡眠時有專屬的睡衣。因為大腦與身體的細胞會記憶穿上這件衣服、鞋子時的感受，這些記憶會使身上的肌肉做出回應，現在是需要挺直或放鬆。能夠明確的知道自己現在的定位，並讓適合的衣物支持我們自己，就能夠達到真正的舒適。

國王說：「就是決定好什麼物品，在什麼時候穿不是嗎？在我們那個年代，每一件衣服、鞋子都有功能性的區分，不會弄混。」

你說：「原來如此，一直以來我都是打開衣櫥時才想著，我現在要穿什麼。」

我說：「如果我們將生活的每一個時刻，預先規劃相對應的衣物。那就可以找出自己最適合的物品，藉由每一次的穿著，覺察自己的狀態與調整所需的東西。」

對大腦來說，每一次的決定都會消耗能量。如果你的生活當中有太多「未竟之事」，或是被時間追著跑，那每一次決定要穿什麼，就很有可能變成物品不斷累積或混亂的源頭。因為代表自己角色的衣物沒有被定位，沒有適合的方向，就像穿錯衣服、跑錯場景的演員，不斷的尋找與追逐，自己應該歸屬的地方。

◎「生命場景」大致分為——

1 工作——

占據時間最多，像是成長時期的學習，就是身為學生的工作。而家庭主婦／夫，照顧家人也是一種工作。需特別注意，在家工作者的工作與居家生活是屬於不同的生命場景。

2 居家——

在目前自己所居住的空間，除了睡覺以外的行為。

3 外出——

例如：購物、聚會、休閒、旅遊等。

4 睡眠

5 交通——

特別是通勤時間很長的狀況。

6 其它場合——

例如：婚喪喜慶、運動、宗教儀式等。如果剛好你的工作是跟上述其它場合的相關產業，對你而言，特別場合是指你以個人狀態參與其他人舉辦的活動為準。

生命場景會依據每個人的生活狀態有所不同，也可照自己的情況來重新擬定不同的分類。在穿著衣物時將「生命場景」搭配「所處環境的氣候」來思考，在這個場景我們應該穿著怎樣的戲服？請先考慮衣服、然後鞋子，最後考慮可放入所需的包包。以下列舉不同狀況：

	生命場景	所處環境的氣候	可能的物品需求
一	工作＋交通：騎車上班，工作時間為週一到週五。	辦公室內空調約22℃，有時候跑外務會在室外約30℃奔走。	騎車與室外奔走時，需要「防曬」「保暖」與「雨天用」以及應對室內空調（特別是頭部）的衣著。還有方便移動的鞋子及可裝入備份衣服替換流汗或淋濕物品的包包。
二	工作＋居家：在家工作，工作時間不定，同時需要照顧孩子。	室內約24℃，偶爾需要短暫出門購買餐點。	方便切換工作與照顧孩子的衣物，盡可能不要有太多的裝飾與配件才不會被孩子拉扯，需考慮容易被弄髒的「多件替換」。還有一到兩件適合的外套，可以在短暫出門時直接套上，並符合「保暖」與「雨天用」。
三	交通＋運動：搭大眾運輸去健身房，運動時間為幾個小時。	室外走路約32℃、大眾運輸內空調約24℃、健身房內空調約20℃。	符合運動需求的「機能」衣物、方便「替換」的乾淨衣物及毛巾、對應空調「保暖」用的衣物配件、及「雨天用」物品、運動鞋，與可以裝入這些物品的背包。

其它類似場景：搭乘大眾運輸去參加正式活動，可考慮抵達後及離開會場前換裝，以便讓自己在交通時可以舒適的度過。

暖色、冷色、中性色

有時候，生命的戲服會需要抹上色彩。就像葉片轉紅、花朵變色，試著聆聽自己內心的聲音，什麼顏色是你現在需要的？可以協助到自己的？我們可以用色彩的溫度來調配。

一、暖色：是太陽的顏色。對應著太極的「陽」，有著溫暖、萬物生長、有活力的「前往」與「靠近」之感。色系為：紅、黃、橘。

二、冷色：是月亮的顏色。對應著太極的「陰」，有著涼爽、安撫放鬆、開闊的「冷靜」與「距離（後退但視野變大）」之感。色系為：藍、綠、紫。

三、中性色：是太極的顏色。橫跨了白天的陽與黑夜的陰，對應著暖色與冷色的「彩色」，中性色代表的是無彩色的「搭配」與「和諧」。色系為：黑、白、灰。

這些色彩，都跟自然有關。除了選擇自己喜歡的顏色之外，也可找出如何讓顏色支持你的「生命場景」。當需要更多的能量來保護命火，可以使用暖色系，而想要涼爽的氣來保持身體舒適，就使用冷色系。不一定要全身都使用，可以考慮在身上的局部，使用在內著類、衣物配件、鞋子或包包來作為平衡生命需要的幫助，甚至是吃下相關顏色的食物都有類似的效果。你可以嘗試不同的色彩，來感受自己的身體。

讓色彩為你妝點生命，而不是被色彩所侷限住。

我們需要的從來不只是看到的顏色，還有顏色中看不見的頻率，它們記錄著人類生命中的許多故事。色彩來自於光、有了光才有顏色，色彩也來自於生命的流動，是變換的情感。當你的內在點燃了生命之光，就會看見宇宙賦予你自身的意義。神對你說的話，變成了顏色，在你的生活之中，對你訴說。

物品是為了支持人類所需而存在，我們在使用物品的時候，需要確認物品原本被創造出來的目的。**用身體去感受，而不只用眼睛去看**。當往外去參考所謂成功的衣物穿搭時，也不要忘記每個人都是不同的身體，而且生活型態也不同。如果我們可以往內的去問自己：我穿上這件衣服，在這個生命場景，與所處環境的氣候中，我是否感受到舒適？我是否可以讓物品支持到我？在這邊我們停一下，花點時間回頭檢查，你剛才寫下的「關鍵字（P.218）」是否可以找出自己內外的平衡呢？

你說：「我一直以為物品的篩選，只留下讓自己外表加分的，才是標準答案……」

國王說：「我曾經以為，只有聰明的人才看得到我美麗的新衣。沒想到，看不見的不是新衣，而是看不見自己的心。」

我說：「試著閉上眼睛，用聽的、用聞的，讓感受打開，心就會成為你的眼。」

適合自己的衣服（鞋子、包包）沒有標準答案，或者說每一個人在「每一個不同的時期」，都會有不同的答案。**學習如何穿衣服，是為了讓自己成為更像自己的人**，你的感受是否與「天、地、人」共生？適合的衣服可以讓身上的氣凝聚不散，而保護、保持、保存與色彩的選擇，會讓身上的氣可以運行不止。直到有一天，不管我們穿什麼樣的衣服、甚至是不穿，都可以成為「只是存在當下」並與萬物合一的狀態。

神聖舞蹈的軌跡

在日本企業環境塑造方案裡的5S管理法當中，「清潔（SEIKETSU）」被定義為養成隨時維持整理（區分需要與不需要）、整頓，乾淨無汙染的狀態。而人與物品的關係當中，最重要的即為「使用」這件事。當我們穿上物品、運用衣著來協助自己的生活時，就需搭配維持使用狀態的清潔行為。

首先，我們需要確認對你而言衣、鞋、床、包這四類物品「使用狀態（P.100）」與相對應的區域。若你曾經看過人生整理課，第零堂《真正的整理，不是丟東西：物品是靈魂的碎片，整理是重生的過程》一書，請將你所寫下的「居家規畫」清單列表拿出。若你不曾看過上述書籍，請先把「目前你居住的空間狀況」使用簡略的「平面圖」畫出。接下來，將衣類物品目前所放置的區域標注出來。這樣，你就會看到衣物在你所居住的空間內所移動的軌跡。以下是代表「自我價值」的物品使用情形：

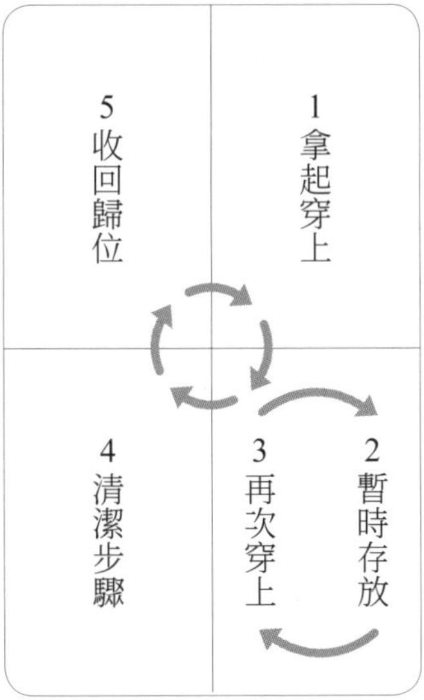

1 拿起穿上

2 暫時存放

3 再次穿上

4 清潔步驟

5 收回歸位

衣類物品有可能使用後就馬上洗滌，而鞋與包類通常不會每次用完就清潔，還有每天使用的床類物品，大多會使用一段時間後才清潔。但，你知道嗎？當物品開始與自己身上的氣產生重疊之時，意指穿著、使用物品的當下，物品就開始「記錄與播放」。而後，我們將使用過的物品從自己的身上脫下，物品上面就會殘留著自己的一個部分，那些殘留是使用物品時，我們身體上的部分能量。就像是一個「記憶副本」，殘留的能量有著與我們一樣的個性、感受與行為模式。所以「使用過」但還不須清洗，或是等待清洗、等待修繕處理的物品特別容易造成囤積。

每個人都有自己的判斷方式，衣服在放入「使用過但還不須清洗」的暫時存放前，需考慮衣物的「保持（P.222）」元素，並用心感受物品現在的狀態是否過於飽和。許多專家說什麼材質的衣物應該穿幾次才清潔，但穿上衣服的是你，只有你才能夠感受到自己的舒適，也只有你可以做出對物品的判斷。因為，那些物品是你的靈魂碎片，它們映照出最裸露的自己。也因如此，我們可以用旁觀者的角度，藉由整理物品來照見自己的生命。當使用過的物品，沒有在適合的時間被好好清潔，那樣的囤積其實是「自己的過去」在拉住「當下的自己」。這就是為什麼所有的偉大修行，最終都回歸到生活的行住坐臥當中，因為任何事情的一點一滴，都是因果。

過去會吸引沉重的事物，這也是椅子長出衣服的原因。

你說：「但，其實我的椅子都是放清潔完還沒歸位的衣服。」

我說：「你知道椅子代表什麼嗎？在許多心理學派當中，都使用空椅子的練習，來代表與另外一個人對話。可能是你的家人、朋友，也有可能是過去或未來的你。」

為什麼清潔乾淨的衣服會堆在椅子上或床上？如果這些物品本該收回歸位於「保存」之處？因為心提醒著我們，需要「歸零」。

物品就像一面鏡子，擦拭這面鏡子是「清空」的過程。當我們使用過物品後，這面鏡子就像是記錄了生命的故事，物品開始出現了記憶。藉由輕撫、並拭去自己過去的殘影畫面，讓鏡子回到原本清明的狀態，而我們也透過這個過程，送走「自己的過去」。每一個錯放在不對應區域的物品，都是一種停滯，就像跳錯舞步的表演者，硬生生的停留在原處，卻忘了音樂與故事還在繼續。

從你開始「願意」在生命中舞動，你的每個動作便與天空中的星星同步閃爍。衣類物品就這樣，從衣櫥到洗衣籃，然後進入洗衣機、之後到晾乾處，最後又回到了衣櫥內。這樣的流動就像是圓舞曲，有著自己的步伐與節奏，然後又串連回原本的姿態。在這樣的軌跡當中，是否有讓自己不順暢的路徑？是否有讓自己每次都無法歸零的阻礙？當你在平面圖上標示出動線，你就會用另外一個角度，就像是在看自己的「人生模擬」一樣，發現在空間中的奧祕。

如果你的居住空間內，沒有「暫時存放」使用過但還不須清洗的物品空間，你會需要規劃出固定的位置。可能是靠近玄關、房門後或陽台的特定區域，需要注意以下事項：

一、穿著之後，即便沒有太多的髒汙，也有看不見的身體排泄物在衣物上（包含帽子、披肩）。用雙手甩／抖動衣物，並收納在盡可能「通風」的地方，例如：泥巴間（P.100）。在西元二〇一九年末，嚴重特殊傳染性肺炎（COVID-19）蔓延全球，因此讓許多人更加注意衣物上所殘留的那些看不見的病菌。不同材質的物品，所殘留的時間不同，這樣的特殊情況需考慮，自己當天是否有經過病毒容易散播的區域？如果是高風險區，建議可以直接清洗所有物品，或是搭配紫外線（UVC）燈來做消毒。實際上，從外出到居家的生命場景時，可以轉換相對應的物品。到家之後換上居家服，分隔室內與室外，可確保在外沾染的病菌不會蔓延到家中，也需特別注意鞋子與包包的殺菌。

二、暫時存放的物品，需要訂定「保存空間與時間」的上限。收納地點為容易看見的地方，可使用掛鉤、掛袋、掛衣桿來做暫時存放。較為常見的是，掛在房門後或是椅背上，也有人會使用樹枝狀衣架，不論放在哪裡，都須考慮衣服掛上之後，盡可能不互相重疊。有些人會放入單獨的收納箱中，建議選擇開放式或自然材質（木櫃、竹籃），並使用「直立式（P.280）」收納。暫時存放的物品，要讓每一件都清楚地被看見。不建議直接疊放在床上或是將床下當作收納空間。因為床是夜晚的自己，映照著空間中的空間，是無聲的自我表達。

如果你發現暫時存放的衣物已經有「視覺上的囤積」「數量多到重疊」「明顯的聞到潮濕或霉味」，表示已經達到空間上的保存上限，需將物品進展至下一個清潔步驟。而超過一定時間沒有再次穿著，也須進入清潔。保存的時間，可依據自己的需求來區分確認，訂出自己與物品的交流時刻，在約定的時間，好好的站在物品面前去確認彼此的關係。

〈計算公式〉

依據洗衣的頻率或定期清潔計畫來檢視「暫時存放」物品的時間，並在「每次的當下」跟隨內心的聲音。不是依據專家、也不是過往的習慣，因為物品上面除了看得見的物質髒汙，還有那些看不見的情緒正在產生作用。有時候即便沒有真的穿上，但因為被攜帶出門，甚至只是被弄亂，也會產生看不見的痕跡。

神聖舞蹈——第二小節

準備清潔前，首先要確認物品的狀態：

一、檢查口袋裡面，是否有東西沒有拿出來？

二、觀察是否有破損需要修補？物品上的部件是否還安好？若覺得破損會因為清洗而更嚴重時，須先處理。而其他的，在清洗晾乾之後才進行修補。

三、確認是否有明顯髒汙需要特別處理的？若是有，建議當天立即清理。

四、用雙手甩／抖動衣物，並用鼻子確認物品上不同區塊殘留的味道。

五、確認物品類型的清洗方式，分類出「機器洗」或「手洗」，若要另外「送洗」的物品建議儘速處理。

六、將衣物翻過來（正面向內）的「反面洗滌」可以保護衣物正面的顏色、圖案與裝飾物不會過多磨擦，且因洗衣會有拉扯力道，為確保延長使用壽命，若有鈕釦需解開可以防止脫落及鈕釦孔變形，若有拉鍊要拉起來以保護拉鍊的鋸齒。

七、先確認衣服標籤上的洗滌說明後，將衣服分門別類放入不同類型的「洗衣袋」中，並放入洗衣籃等待清洗。

以上步驟是「回顧自己」，每一個確認都是觀察。

衣類物品上的口袋，是「包類」物品的濃縮，人類把需要的東西「暫時存放」在口袋內，而如何把暫時存放的物品送到下一個階段，就是一種今日事今日畢。為什麼會忘記暫時存放在口袋裡面的東西，就放入清洗呢？因為覺察不到自己的感受、疏於照顧自己的感覺或太多的專注力被外在的事物分散，就會忘記衣物口袋裡面有東西沒拿出來。

你說：「什麼叫做覺察不到自己的感受？」

我說：「身心靈沒有平衡之時。過於興奮、過於忙碌、過於不舒服，某一種囤積造成自己的狀態不夠安定的時候。就像身體一直在發出訊號，告訴著我們，需要保暖、需要休息、需要喝水、需要睡眠……但我們一直忽略這些需要。」

國王說：「我覺得檢查口袋裡面的遺失物，是負責清洗的人的責任。」

我說：「所以，你把自己生命的提醒，交給其他人來為你決定嗎？」

衣物上每個不同區塊的布料，都是跟身體的緊密接觸，身體所流出的汗水會變成有味道的能量殘留在物品上面。這些身體的排泄物，是情緒的組成。因為味道是來自於靈魂記憶的重播……那些看不見頻率震動在空氣中，用可以被聞到的現象來提醒著人類——這邊有許多的故事、太多的因果，需要被消化。通常在衣物味道偏重的身體部位會需要特別注意，有可能我們讓那些相對應的身體器官過於負擔。當我們用鼻子確認衣物上不同區塊殘留的味道時，是在重複的確認自己身體的狀態。衣物上的味道可能是來自身體的體味，也有可能來自化妝品、保養品、清潔用品的殘留。

你說：「但是，自己不是聞不到自己的味道嗎？」

我說：「我們不是聞不到自己的味道，是已經習慣味道而被麻痺了。」

國王說：「有味道就噴香水蓋過，或在清潔時加入有香味的東西就好了不是嗎？」

我說：「味道帶著訊息，跟生存有關。不去確認或是掩蓋，是一種刻意忽略自我感受的逃避行為。連味道都想要做表面功夫，只會讓自己與身體（靈魂）相互推得更遠。」

等待清洗的洗衣籃也是「暫時存放」的區域，規劃出固定的位置以確保神聖舞蹈的連續性，建議在「平面圖（P.232）」上找出靠近清潔區域、陽台或是乾燥的通風處。

國王說：「看起來，清潔東西也是一門學問。」

我說：「協助自我價值物品的修繕與清理，是來自宇宙的智慧。」

你說：「每一樣物品都有不同的含義嗎？」

我說：「是的，我們運用看得見的物品，在看不見的世界中與萬物溝通。」

神聖舞蹈——第三小節

接下來，我們要讓物品上面的記錄與播放藉由清潔步驟去「歸零」。每個步驟，請讓自己都帶著「放下」的心念去執行。隨著每個動作與呼吸，把不再支持自己的，藉由水的洗禮讓「失去光的記憶」流出自己的生命之外。

步驟一、前處理：先確認衣服標籤上的洗滌說明後，進行明顯髒污的預先清洗。避免水龍頭直接沖洗導致失去彈性，建議先把水放到水盆內，再將衣物放入水中清潔。

步驟二、進入清洗步驟：不論是洗衣機（洗衣盆）裡面或是放入衣物的洗衣袋，還有清潔劑，都以七分滿為原則，三分留白讓空間有更多的餘裕。洗滌過程會在人生整理課的接續內容「清潔類」中論述，在此為精簡概要。將水倒入洗衣槽／盆後添加適量的清潔劑，確認充分溶解後才將衣物放入水中。

衣物是身體之外的身體，讓衣物整個浸潤在水中時纖維裡面會充滿水分，就像是我們的衣物代表著自身接受「洗禮」。若一邊將衣物丟入清洗的桶中一邊才把水放入，就會造成部分衣物的纖維沒有完全充滿水分就開始清洗，容易讓衣物的狀態歪斜。而滾筒洗衣機，可以先將要清洗的衣物完全弄濕後再放入，類似前處理步驟。清洗時建議使用天然、環保材質、功效單純、沒有太多添加香味的清潔劑，機器洗時使用「洗衣過濾網」攔截清洗時釋放出的毛屑、棉絮及塑膠纖維，而有裝飾的衣物建議手洗以延長使用壽命。

仔細觀察洗衣機，每一個搓洗的步驟其實都像是將水與物品交織在漩渦流當中。衣物經過：浸潤↓搓洗↓浸泡↓搓洗↓瀝乾，這些步驟不只是在清洗衣服，更是淨化自己殘留在上面的回憶。你是用怎樣的心情在做洗衣服這件事呢？好好觀察自己在生活中的每一個心念，它們都提醒著我們隨時歸零、回到當下。

鞋子與包包是複合材質，不適合常清洗，使用後與定期保養更為重要。若是純布的包可以一起放入洗衣機內。而床類物品中，除了可以用水洗的枕頭套、床單、床包外，其他都因材質有特殊清洗的方式，通常會建議送洗或陰涼處通風處理。

神聖舞蹈——第四小節

經過物品「歸零」的清潔步驟後，讓「光」重新為物品補充能量。從濕↓乾、從冷↓熱，陰陽融合後就可以收回歸位。衣服洗好後儘速進行晾曬或烘乾，以免細菌滋生。若洗好太久沒有晾曬，並看到衣服已經在開始變乾或聞到味道時，建議需重新清洗。

【晾乾】

一、先確認晾曬衣服的衣架（衣桿或衣繩）是否乾淨，若已經斑剝可能會損傷衣物的就須替換掉。以晾曬在室外通風處為準，不能夠直接曝曬的衣物可以放置在陰涼處。除此之外，盡可能直接讓衣物曬到陽光，會有更多自然的能量來重新滋養衣物。若只能晾曬在室內需搭配除濕機並選擇通風處。通常不建議把洗好的衣物晾曬在廁所內，除非有通風功能。

二、在晾乾前用雙手甩／抖動衣物，確認衣物上是否有過多的水分，可用乾淨的毛巾吸取多餘水再進行晾曬。利用離心力的甩動，可以讓衣物晾乾後更平整，也可減少熨燙。

三、盡可能讓布料呈現通風最大面積，不重疊、口袋翻出、不讓衣物變形的方式。建議以多個衣架、多個夾子的晾曬衣架或使用曬衣網來平放晾曬。

- 減少衣物領口、袖口鬆脫：一個衣架掛住衣物，另一個可從中間掛起分攤衣物下半部的重量，兩個手袖及連衣帽則另外夾住。
- 減少肩帶鬆脫：倒掛晾曬，夾著下緣。

• 減少褲子變形：使用多個夾子的晾曬衣架將褲頭順著圓形夾起，讓腰與臀部的空間處空氣可以流動。

四、除了內褲以外的衣物都建議反面晾曬。近年來空氣汙染嚴重，曬乾後請儘速收入室內，以免越曬越髒。

你說：「可是我想把衣服晾在外面，需要穿的時候再去收就好。」

國王說：「好多現代人都喜歡晾著衣服不收耶？而且好像男性居多……」

我說：「如果使用者本身不把現在居住的地方當作『家』，他們就會讓自己在外忙碌，讓衣服一直晾曬在外。用衣服表達漂泊的情緒，與自身的連結也越推越遠。」

五、神聖三角形：依據垂掛晾曬的長度作為區分——長的放兩側而短在掛中間。因此晾曬衣物的下方就有一個三角形，氣流會由下往上升，衣物可以更快的被晾乾。

六、若共同洗曬，盡可能讓每個人的衣物「分配比例」的晾曬，並讓同一人的衣物盡可能集中，放置同範圍的晾曬，可減少找不到洗滌衣物的困擾，並簡化之後的分類步驟，亦可讓家中每個人負起自己的衣服自己收回的責任。

【烘乾】

須確認每件衣服標籤上的洗滌說明。在雨天、潮濕及溫度過低（下雪）的地區或每年梅雨季時，烘乾衣物很方便，但自然的曬太陽、風乾與烘乾機的能量不同，以衣物使用壽命來說，烘乾較容易讓物品受損。

如果你居住的地區（國家）有規定衣物不能夠晾曬在室外，只能在室內或地下室之時。可考慮添加「酵素」或「鹽」在

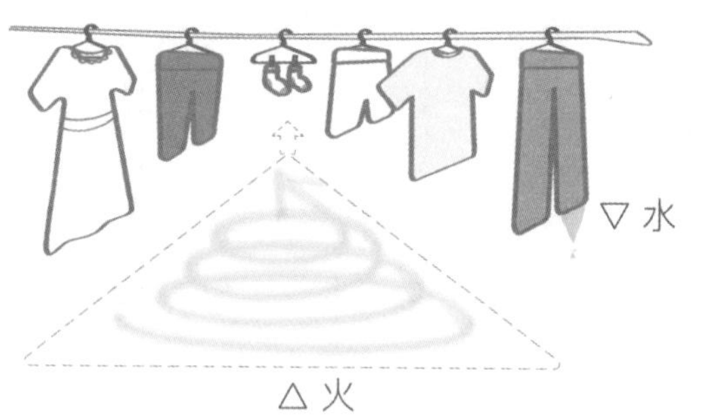

三角形向上盤旋的風，可以讓衣物再次藉由「流動」而被淨化。若同時有陽光的照射，不但可以殺菌，也可以把陽光的頻率儲存在衣物上面。

清洗過程中，可減少衣物產生潮濕的臭味。即便是在寒帶地區、零下的戶外晾曬，透過水的變化與大地之氣的交流，衣物裡面的水氣會結冰成固態，之後昇華為氣態的水蒸氣，這也是「光」補充能量的另外一種形式。

物品沒乾會出現臭味，是能量渙散的狀態。確保衣物乾燥才收回衣櫥，讓櫥櫃裡面保持乾燥，才能讓靈魂跟隨陽氣，支持我們的生命。

神聖舞蹈——第五小節

晾曬好的衣物從室外收回到室內，也需要有「暫時存放」的區域。等待著被歸位，或等待修繕後被歸位。不論是與家人、室友共住或自己獨居，都需要規劃出固定的位置，不要將洗好的衣物暫時存放在客廳或放置在公用（共用）的桌椅上，更不要放在地上。而且不論對方是你的伴侶或孩子，都需要讓每個人各自負起責任把衣物自行收回到衣櫥內，除非是需要協助的「無行為能力人」。但不論是孩子、老人或患有疾病的被照顧者，只要能夠獨立進行將衣物收回衣櫥內的行為，就需要讓他們練習進行。

你說：「可是我覺得收衣服是媽媽或老婆的工作。」

我說：「當你的人生中有被媽媽控制或老婆主導的事情時，你就會知道是自己自願把生命的主導權交給他人決定。畢竟連身體之外的身體，自己都不願意花時間照顧了……」

國王說：「可是，這些是傭人的工作。」

我說：「用錢的確可以請人幫你做，沒有任何對錯。只是，你就會失去那個與自我對話的時間。觀察物品可以告訴我們的故事，就能夠更了解自己。」

歸位前的「暫時存放」區，可以一樣使用籃子或共用的衣櫥，而每個人暫存的空間也是依據「分配比例」原則來進行使用。神聖舞蹈最重要的不是行為的表象，而是你在做這些事的時候，在想些什麼？從衣物所移動的軌跡中，你會發現每一個「暫時存放」都是容易混亂的時刻。不論是「等待再次穿著」「等待清洗」「等待修繕」「等待歸位」，每一個等待都可能與「當下的自己」擦身而過。我們可以好好的思考，為什麼我們會讓家中充滿了「等待」的頻率？

而你的人生，又在等待什麼呢？

讓混亂的循環變成流動的神聖舞蹈，清潔衣物這件事變成生命中、宇宙裡的舞動。

物品風水與神聖幾何

當我們觀察物品時，看到的是過去的自己，是舊有的「模式」。而開始重新規劃，意思就是離開既定的命運，跳脫過往的選擇。人生整理的第一件事，就是「寫清單」，從拿出紙筆寫下文字開始，就代表著我們對自己的承諾。

List 檢視清單

Q1：確認自己的狀態，找出穿著的「舒適度」。寫下「喜歡」與「不喜歡」各三個因素，這是支持我們自己在「篩選物品」過程中的重要提醒。你可以選擇衣、鞋、床、包分開或統一書寫，你會發現選擇它們、跟選擇人生很類似。

Q2：計算自己的使用、洗滌、晾曬頻率來規劃物品的數量。需考慮自己平時的行程，可能與他人共用洗衣機及晾曬場的時間分配，包含目前居住環境的氣候狀況。

〈計算公式〉

多久洗一次衣服？或多久可以使用到洗衣機？在你的居住地，晾乾衣物需要多久？簡單計算，當一件衣物進入清洗步驟後，需要花多少時間才會回到衣櫥可以再次使用。

你說：「我都沒考慮過清洗的時間，之前我整理時把不心動的都丟光了。結果造成自己沒有足夠數量的衣服可穿……只好臨時出門去買，結果買的衣物很快就不心動了。」

我說：「我們手邊的衣物都在支持我們的生活，只考慮丟卻不考慮自己現在的狀況，其實也是不了解自己。」

接著，我們就要進行到動手做的整理步驟。衣、鞋、床、包都是同樣的流程。

第一部分、前篩選

在正式整理前，我們可以先做一些練習。如果目前居住空間的狀況不適合把物品集中整理，或是生活行程忙碌者，建議每天規劃時間把前篩選完成。

【篩選箱】

放手不再使用的物品前，我們需要慎重確認，當這些不會再使用的衣服、鞋子、包包，從你的生活中拿走之後，對你現在的著裝沒有影響。也不會因為送走這些物品，你就覺得需要再買。

在衣櫥或鞋櫃旁邊放紙箱或袋子（不限一個），任何乾淨不會再穿的物品，可以依序放入。記得，放入這個篩選箱的物品是已經確定要送離開我們人生的物品，在放入時也要摺疊好並感謝它們，讓物品去旅行。前篩選的衣物都是完成清潔步驟，在乾淨的狀態時來確認。不在衣物髒汙時篩選，是對自己的尊重，也是對物品的感謝。前篩選所挑出來的衣物，可能是很久沒在穿，但一直掛在你的衣櫥內，每次看到但又不會把它穿上的衣物。當篩選箱滿了，就需要安排處理，不論是回收、送出、捐贈，都盡可能的排出時間去執行它。

你說：「可是我每次丟衣服就想買新衣服……」

我說：「那表示你丟的不是衣服，而是你不想面對的自己。」

國王說：「是不是就像你們這個時代的電影，總是要有外表大改造的橋段。就像我的朋友灰姑娘一樣……」

我說：「現在的人都愛大改造，似乎只要換上不同的衣服就可以醜小鴨變天鵝。」

灰姑娘說：「我還需要神仙教母，你們只要動動手指，衣服就會送來家裡。」

我說：「太多人以為只要丟掉舊衣，然後再買一件美美的新衣。人生就會一帆風順，因為他們想要丟掉的是——自己不願意努力又不願意承認的這件事。」

在鞋子、包包的前篩選，可以先從「飯店的免洗拖鞋」以及「環保購物袋、紙袋、塑膠袋」開始練習，之後在轉到自己目前正在使用的物品上。因為鞋子與包包通常上面可能已經都有使用過的痕跡。在每次拿起要放入篩選箱前，請簡單的清潔，讓物品可以在乾淨的狀態下，接受我們給出的感謝。

【將不屬於櫥櫃內的物品移出】

不該放入的物品為：不穿著的紀念性物品、準備處理的物品、衛生紙、拋棄式衛生棉、紙鈔、文件、紙袋、自己在販賣的商品（即便商品就是衣物也不放入），工作用的商品與個人區域需要分開存放，以便讓生命中的事物有各自的界線。若是共用時，別人占用到自己或自己占用到別人的部分也須移出。在衣櫥內只放自己的衣服或衣物周邊工具，而別人借放的物品，須獨立存放。若使用開放式衣櫥一起收納「保管存放類」與「使用過但還不須清洗」時都需分區存放。

許多人也會把包包或鞋子收納在衣櫥中，但使用過的包包與鞋子上面有肉眼看不出的髒汙，加上許多材質容易在濕氣重的地方崩壞散架。考慮到物品的使用年限，建議在「許可範圍之內」將包包、鞋子與衣服分開收納。通常會建議鞋收納在門口的櫥櫃內，而包包靠近衣櫥附近。每次使用過後要收納入櫃子前，建議簡單清潔後才放入。

某些收納的技巧會用衛生紙捲筒、紙盒、紙箱、紙袋改造成收納工具，但即便是購買物品時拿到的鞋盒、包盒，都容易引誘蟲蟲大軍進駐櫥櫃。紙類容易吸濕氣，若遇到梅雨季也有可能產生黴菌，造成呼吸道敏感的人不適。

第二部分、正式整理：集中下架→擦拭→分類挑選→規劃→上架定位→妝點

在正式整理中如果你需要，可以請收納師、整理師、居家顧問協助幫忙，有專業的人士一起進行時可以事半功倍。但更重要的是，所有的整理過程需要你自己一起走過，而非花錢請人代勞。此時也可讓孩子與協助被照顧者一同加入參與，在他們能夠自行決定的範圍之外提供協助。**人生整理就是認真的對待每一個當下**，每一個整理相關的工作者，都有著不同的智慧與經驗，能夠在生命旅程相遇的人們，都會幫助我們成長。

在開始之前，我們會需要以下準備：

一、承裝需要處理物品的袋子（大容量且不透明的為佳）。
二、乾淨的抹布、水桶、酒精。
三、可黏貼的便條紙、筆，如果整理到一半要臨時離開，可以註記目前分類的狀況。
四、之前書寫的清單列表。

五、計時工具與飲用水：覺察自己的狀態，隨時補充水分讓更多不需要的從身上流出。

六、規劃休息的空間：不需要太大，但可以讓你在中途稍作休息的區域。不一定要在你整理區域的同一個房間，但不能夠離整理區太遠。

在開始之前，我會在休息的空間中擺上一盞燭火，放上計時器，把準備物品放在這裡。這樣當我忙亂時，我可以知道事前準備的東西都在這個角落。

接下來，我會建議從「安靜的內在」開始，讓自己閉上眼睛幾分鐘，搭配著呼吸，把自己的心回到這個「當下」。

〈人生整理的魔法咒語之一〉

我將送走——無法支持到這個空間的，我邀請——這個空間「需要」的。

我將送走——無法支持到我身體的物品，我邀請——「幫助」我身體的。

人生整理的魔法咒語，建議搭配自然元素一起進行。例如：點上燭火時，或是「神聖舞蹈」裡水元素清潔時，亦可放入與自己「家庭小精靈」的連結儀式中。

心靜，才能看得到心境。

首先，請拿出「人生整理課的自我評量表（P.84）」，即便你的行程可以安排一整天長時間的「一次性整理」，也記得符合自己寫下的「整理的時間」與「休息的時間」作為交替。若你的時間只能做「分段式計畫整理」，就需規劃好「先後處理的空間區域」或「分段處理的物品類別」。

除了自己身上「正在穿著」的衣物之外，在目前居住空間內將乾淨的衣物集中在空曠之處。整理的物品以「使用狀態（P.100）」中的「已洗曬完成待歸位」「保管存放類」為準。而「使用過但還不須清洗」「等待處理」「正在清洗、晾乾或烘乾中」的衣物，都需進展到「已洗曬完成待歸位」的狀態後才進行整理。

在物品沒有完成清潔步驟、存有髒汙的狀況時篩選，就像是看著自己的「記憶副本」，即便你沒有意識到，那些看不見的、正在訴說著發生過的情感，就像發現內心沒有被擦乾淨的角落，但卻轉頭就走。讓物品在乾淨的狀態下來篩選，才能夠好好的互相道別。若是有嚴重囤積症，已經成為垃圾屋狀態，或明顯看到散落的物品不能夠再使用，可直接當作垃圾廢棄。但別忘了每一次放入垃圾袋中，都需感謝它們一直以來的支持。

若是鞋子、包包、床類，則可將目前所有的物品集中挑選。請先完成衣類的整理，之後篩選鞋類、包類，最後才是床類。以下的整理，以衣物為主，但其他三樣物品也都是相同的過程。

你說：「在進行整理時，我應該穿什麼比較好？」

我說：「對你而言，整理是屬於什麼生命場景呢？」

國王說：「應該不會穿著睡衣進行吧？」

灰姑娘說：「整理當然是穿一般的服裝啊！即便是美美的衣服，穿上圍裙後一樣可以工作。」

請在居住空間內找一個乾淨的區域，以便放置「集中下架」的物品。如果需要，可以在下方鋪上布巾或大塊的塑膠布，讓衣物可以乾淨的放在上面。最佳選擇是「通風」「明亮」且可以讓自己身體「移動範圍最小」的狀態來進行。看似整理物品的行為，實際上我們的心與腦都同時之間在轉變，並讓看得見身體最舒適的狀態下，讓看不見的靈魂開始鬆動。

【集中下架】

請先巡視目前自己所有的居住空間，然後將散落在衣櫥外面的「乾淨衣物」，包含堆在椅子、床、地上，亂掛在門後、窗沿、晾曬在陽台的、放在等待歸位區域的衣物集中，接著將衣櫥內的衣物「全部下架」放置在集中區，包含在居住空間內的所有衣物存放區（儲藏室）的物品。並把這些衣物所使用的衣架及收納工具另外拿出，將同樣類型的衣架、收納工具分開放好。此時，可以把會損傷衣物、散架壞掉的收納工具，拿起感謝後送走。如果你居住的地區（國家），會把儲存的衣物放在閣樓、車庫、地下室，或在居住土地上的其他倉儲空間（穀倉、別屋）中，也需處理。若數量過於龐大，建議以空間區分後規劃進行。

【擦拭】

用乾淨的抹布擦拭儲存物品的家具，從裡到外、掛竿與抽屜都需要仔細擦過。如果是可以移動的家具，也請把家具挪開到其他位置，以便連地板與牆壁都可以被清理。然後，把「衣架」與「相關的收納工具」以及能夠拆卸的「掛衣桿」一並清理。不同材質的家具、衣架、收納工具的清潔方法也略有所不同，通常我會乾擦一次後在濕擦一次，等待風乾。依據狀況可加上酒精的使用。

若是需要，我也會使用協助淨化的物品來潔淨空間中看不見的部分。

【分類挑選】

一、將集中下架的衣物以「使用目的（P.97）」區分成六大類（不分季節）。因為只依據「當下的喜好」或「心動與否」來決定衣服的去留，就會容易陷入「丟東西」為導向的思考模式。如果你在分類的過程中已經發現有不再支持你的衣物，就可以感謝它們直接放入「需要處理」的袋子中，在這個過程到上架定位之前，每一次觸碰衣物時都可以持續確認自己的感覺。

你說：「突然發現我的居家服或睡衣好多……」

我說：「仔細觀察，你會發現這些衣物都不是為了在家方便活動，或讓自己舒適睡眠而買的衣物。許多人，都是把不能再穿出門的衣服降低標準為居家服及睡衣。」

二、不要問自己「什麼應該丟」？而是先問自己「什麼想留下來」？

人類是一種因「想要」而生存的物種，比起將擁有的「放手」，我們把專注力放在「你，想要什麼？」開始。把想要留下繼續支持你自己的衣物，從這六大類裡面依序挑出，並集中放在一旁，什麼衣物是可以帶領自己走向未來？記得，讓衣櫥充滿愛，讓物品得以支持我們自身。當你猶豫不決時，可以拿出自己寫下的「檢視清單（P.249）」，來重新確認自己的狀態。而剩下的，帶著感謝放入袋子中。最終，可能會有一些「不知道該留還是該送走」的衣物，我們就先將他們稱為「觀察區」，這些需要被再次觀察的衣物，上面帶著許多我們自身的猶豫……

國王說：「為什麼現代人類，需要考慮衣物要不要留？又考慮衣物要不要丟？」

我說：「現今物質過於氾濫，我們穿的已經不是衣物，而是對自己情感的投射。」

灰姑娘說：「我的衣服都是剛剛好，除了去見王子以外，我都覺得衣服很夠穿。」

就像「回到未來（P.148）」類是挑選出可以「支持當下」並能夠延續到未來的衣物。留下，是期待重新再見到。在此需特別注意，只選擇自己要留下來穿的衣物。而不要把衣物的去留放在「我可以給〇〇〇穿」「我可以給我的女兒」「我可以在……時候送出去」上面，不要把自己的氣息寄生在物品上面，用越界來掩蓋自己的罪惡感。

三、留下繼續支持自己的衣物後，依據「物品型態（P.102）」再次分類。

當這些分類都在你的面前展現，就會發現自己擁有衣物的真實樣貌。如果整理只是用「數量」來限制，就容易在細節上陷入死胡同。當我們用衣物的「使用目的」加上「物品型態」作為區分的方向時，我們才真正的讓「生活」作為使用物品的依循。

你說：「我發現我有好多幾乎一模一樣的衣服，到底要留下多少？又要丟多少？」

我說：「物品過多就變成囤積，而過少又會變成不足。這些衣服是你的基本款還是偶而穿？基本款是否符合替換使用的清洗頻率，而偶爾穿是否支持你的生命場景？」

國王說：「也許，你心裡面早就有答案。你只是，想要我們給你一個保證而已。」

【規劃】

一、了解物品的存放空間：

丈量與記錄目前你可以收納衣物的空間，若有不止一處，需要全部都確認。

- 地點——在自己的房間或不在自己的房間內？
- 是否與他人共用？共用者是誰？
- 樣式是哪一種呢？例如：專屬的衣帽間、旋轉衣架、掛式衣桿、抽屜櫃、收納箱
- 收納空間的狀態？例如：獨立空間、開放式或有門的密閉式（雙開門或軌道拉門）

  家具、開放式或有蓋的收納工具
- 確認尺寸——丈量內部每一區的長、寬（深度）、高，確認是否有可移動的活動層板
- 方位——需標示出衣帽間或家具靠牆的另外一面是什麼？
- 是否需要改善？例如：潮濕？陽光直曬？開放式產生的落塵？

以目前使用的衣櫥為主，然後延伸到家中的其他空間。當與其他人共用衣櫥時，在丈量之前先分出屬於自己空間「相同權利」的區域（上述的確認尺寸）。若自己的衣櫥因為空間的關係，沒辦法放置在自己私人領域（自己的房間）或相對應的空間內（衣櫥共用的房間），有可能代表整體居住空間需要重新規劃。通常居家空間分配不均時，可能代表居住者的關係不是良善循環。放置衣物的「家具類」會在人生整理課的接續內容中論述，建議使用目前手邊舊有的，若剛好要全新購入，也請把目前有的衣物整理完成後再進行。

你說：「家人曾經用我的空間來放他們的東西。所以，我的衣櫥就被搬到陽台……」

我說：「因為界線不清，讓空間被情緒綑綁。而被勒索的是你的個人價值，不只是居住空間，還有人生。」

二、了解自己的身體狀態：（可請其他人協助測量）

- 測量自己的身高、手舉起來以及踮腳手舉起來的高度。
- 檢查自己蹲下取物舒適的範圍。

- 通常都在哪裡摺衣服，什麼樣的姿勢？
- 是否有容易因摺疊衣物造成的身體不適？例如：肌肉痠痛、鼻子過敏……
- 如何改善上述造成的身體不適？

三、了解衣物在生活中的使用：

步驟一、從留下來的衣物當中，依據你個人「生命場景（P.226）」的類別並考慮「洗衣的頻率」與隨時可「保持替換」的數量來各別搭配出幾套「固定裝扮」。

讓我們用「心的眼睛」來搭配，把他人的投射還給對方，再進行此步驟。可使用以下宣言協助自己：

我是〇〇〇（你的真實姓名），我不是〇〇〇（被投射者的名字）

（以上請重複三次）

我把不屬於我的生命故事，送回它們的所來之處。

讓我成為我自己。

〈整理之路的完美宣言之七〉

被投射者在此指的是讓自己困擾的其他人，包含家人、朋友、過去的自己（舊名）、甚至是不認識的人，當被這些人的殘影所影響時都可以使用此宣言。如果知道對方的真實姓名就用真名，暱稱、網路帳號也可以。

步驟二、加上「所處環境的氣候」可能會需要的衣物增減，並考慮到「功能性」的搭配，以下是常見的「需求」狀況：

一、保暖：天候的寒冷，包含下雨、下雪，還有在冷氣房、騎車防風、流汗過後……特別是前往不熟悉的地方——山上、海邊、不同國家時的使用。像是氣候衣搭配外套、衣物配件，或選擇有特殊材質（防水、防潑水）的物品。需注意，若自己有調節溫度的發熱衣、涼感衣，可在此確認是否真的可以支持到自己。因為許多人對於溫度感受不同，常常購買之後，才發現沒有達到自己想要的效果。

二、防曬：遮擋紫外線的重點在於「覆蓋面積」，一般衣物也有一定的防護作用，也可搭配衣物配件，像是帽子。

三、防蚊：蚊蟲是追蹤氣味而來，除了身體的分泌物以外、衣物上沾染的清潔劑、香水都會招蚊。盡可能不用太香的清潔劑清洗衣物及身體，選擇遮掩更多皮膚的長袖衣物。

四、安全：若容易在清晨、夜晚、自然周邊移動的狀況，包含運動時建議要考慮「可反光」「顯眼」「鮮豔」的衣物、鞋子與包包，以保持在交通要道附近或光線不足狀況下的自我安全。特別是騎車族、身材嬌小、孩子與年紀稍長的族群。在雨天、下雪時，因為人眼看出去的能見度較低，選擇「亮色」「鮮豔」「花色」衣物，可以提高安全性。下雪的環境避免穿著白色、山間避免綠色、海邊避免藍色與黑色，與環境顏色反差越大，安全性越高。除了需要與環境融合的狀態（例如：拍攝、野外考察）外，讓自身安全是衣物功能性最重要之一。

步驟三、確認自己所搭配出的裝扮，是否符合「人生目的」？是否是可以支持你自己走向夢想？是否成為你自己？可在此可拿出「觀察區（P.260）」物品來搭配與篩選。

你說：「為什麼收納前要先搭配？」

我說：「若沒有被安排進生命中的戲服，只是過客，而非與我們一同前進的物品。」

衣服的搭配來自與自己身體的溝通，而風格與美感的喜好是來自生命的累積。

從來沒有無法搭配的衣物，只有是否適合當下的自己。

你創造出的搭配，是屬於你的制服。記得，我們是在成為自己的道路上，扮演各種角色。是自己的戲劇、靈魂的展現，跟別人無關，跟外貌、長相、身材、性別、膚色與國籍無關。只是在靈魂相對應的生命中，使用相對應的物品，來連結情感並展現學習到的感情。你只需要問自己：「我穿上這件衣服，感覺舒適嗎？」

當我們可以在整理的過程中，事先規劃搭配，就可以減少在生活中猶豫要穿什麼的不順之感。讓穿搭可以被「系統化」，增加生活的效率。衣物是身體之外的身體，需要溫暖、還有維持生命機能，而衣物配件就像是身體的不同區塊的點綴，依據心情、天氣、星象、流行、不同風格與顏色來變換，就像在為好命與好運中錦上添花，這些是生活中的美學。而後，可以把觀察區無法加入搭配的物品，移至「需要處理」的袋子中。我們之後會好好的花時間與它們道別，讓物品去旅行。

四、了解衣物與季節的收納：

依據自己所居住的環境與自己的感受，來決定衣櫥是否需要換季。一般來說，會將選好的衣物分為「正在使用、換季、保存」三大類，即便是不換季的收納方式，也可依據「常用、增添使用、偶爾使用」來作為收納的區分。可參考此表格：

分類	衣櫥收納位置	物品
正在使用 =常用	頭頂到腰部（最方便拿取）	•最適合目前季節、生活狀態的衣物：內著、居家、外出、正裝類 •衣物周邊工具
換季 =增添使用	踮腳的高處及蹲下之處。 如果你的狀態不適合蹲下，那就把這些物品放在衣櫃的靠牆處。	•與現在的季節溫度相反的衣物，不換季可疊穿用衣，例如：薄衣疊厚衣、薄衣搭配件 •衣物配件，帽子可以放置於上方，不至於被其他物品疊壓到 •氣候衣、健康用機能衣、運動用機能衣 •床類「換洗」用 •他人借放的衣物可放置於此區

保存 ＝偶爾使用	最上方或其他儲藏空間	• 很少但偶爾會穿的正裝類，通常一年只會穿著幾次 • 旅行才會使用的衣物 • 產業用機能衣、民族傳統服裝、儀式用衣、變裝及表演服，若此類別的衣物很常穿著，可放在常用類 • 回到未來類，若是與孩子共同整理，這部分就會是孩子未來可以穿的衣物 • 床類「換季」用

如果居家環境中，真的無法收納自己想要留下來穿的衣物，可把換季、保存類的衣物付費借放在倉儲空間。不要將存放的衣物放在自己目前不共同居住的父母家或其他的人的空間，畫出界線並讓金錢去協助自己負起責任。

你說：「如果需要減少空間是否可以使用真空壓縮袋呢？」

我說：「沒有什麼不行的。但只要長時間沒有使用過的衣物，即便收納在衣櫥內，拿出來穿之前建議要清洗。避免過敏之外，也是一種重新喚醒的儀式。」

若使用壓縮袋收納要把衣物拉鍊摺在裡面，以免過度接觸壓縮袋而損壞。記得，所有保存的衣物，建議都是清洗乾淨後才放入收納袋內，如果已經放置一段時間沒有穿，也須重新清洗後再放入。

你說：「家裡面所有人要換季的衣物，可以共同存放在同一個衣櫥內嗎？」

我說：「可以的，只要在這個衣櫥內劃分界限各自存放。另外，共同的衣櫥也應該是大家擁有的共同空間內，而非某一個人的房間裡。」

國王說：「似乎，每一件衣服都有他們可以歸屬的地方。」

我說：「是的，因為衣服不只是衣服，他們是使用者的其中一個面向，而物品上也有許多靈魂的回憶。」

五、了解衣物的使用歷程：

撰寫自己的「著裝日記」，用手寫下——

- 每次整理時的狀況、心得想法
- 生命場景的穿搭記錄
- 每次使用物品後，需要調整與改善的要點
- 其他想記錄的

你說：「我上次去爬山，覺得很熱，只穿了短袖。結果曬傷又一直被蚊子叮。」

我說：「就像是出門前會確認天氣才穿衣服，生命中發生的情況，都會讓我們更加理解自己。」

當我們用手寫下生命中的回顧時，就能夠用自己的步調，重新看待發生的過往。是否有什麼習慣性的舉動讓事物造成混亂？又要如何改善呢？物品裡記錄與播放著使用者的心念，每一個覺察都是讓生命中的微小事件可以順暢的流動，讓自己穿著的衣物可以符合「天、地、人」的和諧關係，這就是衣服上的風水。生命就能過的細緻、過的優雅。

六、衣物的上架準備：

步驟一、將自己目前擁有的「衣架」與「衣服的收納工具」拿出來觀察：

- 先確認自己適合怎樣收納工具？記得，不順手的工具，代表不適合自己。
- 基於環保原則，盡可能使用舊有的物品，可依據顏色來分類吊掛不同樣式的衣物。建議容易有折痕的衣物吊掛起來，可減少熨燙。
- 若有增添、替換需求時，可將「樣式」及「顏色」統一。

你說：「我發現我衣架的顏色好多、樣式也好多……」

我說：「許多人是不夠用才買衣架，或是使用送洗衣物拿到的衣架。認為衣架是可有可無之物，卻不知道每一個物品都帶著我們可以學習到的智慧，來到生命當中。」

國王說：「我發現你們現在有好多不同用法的衣架，不會滑落的、可以重疊掛好幾件的，每一種都好吸引人。」

我說：「只有適合你自己的，才是好用的物品。不論是衣服還是衣架，不管有多少華麗的用法，只有你願意使用、你覺得好用的，才適合你。」

步驟二、區分物品：

將規劃之後的衣物分類，可參考以下類別——

- 顏色
- 品牌
- 物品型態（P.102）
- 長度
- 材質
- 使用目的（P.97）
- 厚薄度（溫度、季節）
- 固定裝扮的搭配套組（P.264）

以一個類別為基準，再搭配第二個類別做二次分類……以此類推。不論你怎麼選擇，建議本來就是需要整套使用的放在一起，例如：西裝上衣與褲子、泳衣與泳帽。也可將衣物區分成適合「吊掛」或「摺疊」，而摺起來的小件衣物統整放在同一個抽屜櫃或收納籃中，例如：內褲、毛巾。並回顧「了解物品的存放空間（P.262）」所獲得的資訊後，重新思考什麼樣式的衣物，適合放在衣櫥的哪一個區域。通常，可以依據身體的部位對應的高度來定位物品。像是圍巾、帽子就放在外套附近，而襪子跟褲子收納在同樣的抽屜內。

若有與他人共用的衣物，請分開存放。例如：毛巾、衣物配件、氣候衣……，與他人共用的物品屬於共用者之間的互相維護。而自己單獨使用的衣物，是屬於個人獨立的範圍。

【上架定位】

可照著先「吊掛」後「摺疊」的順序。

步驟一、讓衣物呈現「舒適」的狀態

◎吊掛

用雙手甩／抖動衣物後再用衣架掛起，並順手把鈕釦扣上、拉鍊拉起。

掛衣服是以「衣物是人」的角度來吊掛，以下是人生整理課常用的方式。

人生整理的「貴族式掛衣法」

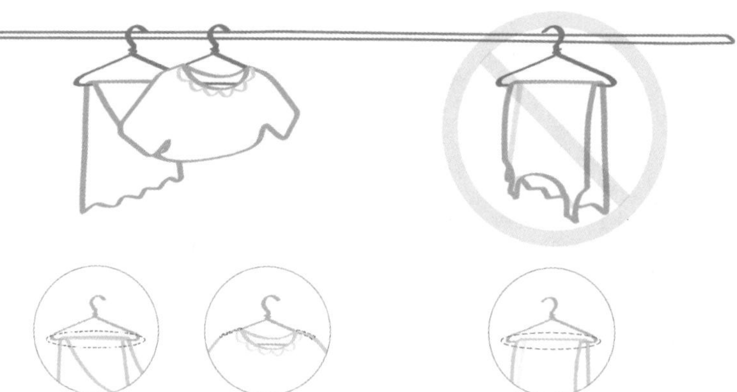

下面摺上來是腰到大腿的部份　　肩線對準衣架　　衣物上會有砍斷的痕跡

吊掛式衣物與衣櫥底部保持若干距離為佳，否則容易因摩擦而造成衣物的損壞。

吊掛下方若有足夠的空間，可以收納與正上方吊掛式衣物相關的物品，收納方式可選移動或抽拉式。

人生整理的「款待式掛衣法」

以衣服靠左擺放為例

「款待式掛衣法」為廖文君人生整理課特有的衣物收納法。

款待式

正面朝右（面對自己）

非款待式

正面朝左，背面朝右（背對自己）

衣袖折入

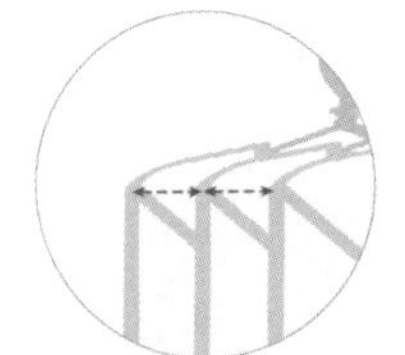

讓衣物彼此之間有一個手臂的距離，
才能讓「氣」流動，此為衣服「呼吸的空間」。

款待式掛衣法可以讓衣袖不會超出衣櫥的深度，避免被門板夾到。這樣每一次打開衣櫥，都可以看到每一件衣服在跟我們敬禮。

一、貴族式掛衣法：

適合偏長的衣物、長洋裝，或是衣櫥不高的狀態。不要讓衣物垂頭喪氣，使用兩個衣架讓衣服像是有仕女的公主，一個將胸口的衣物撐起來，另一個用在衣物的尾巴。

二、款待式掛衣法：

適合所有吊掛的衣物。打開衣櫥，許多人將吊掛衣物的「背面」面對自己，但人生整理課建議把衣服「正面」面對自己，並讓衣袖摺入，呈現雙手放於腹部的樣貌。這個動作很像日本的「待客之道（OMOTENASHI）」，意思是面對每個人都是發自內心的，沒有分別的盛情款待。我們將衣服掛成這樣的樣貌，不但可以讓每一件衣服都有氣流通過的空間，也時時的讓自己回到內心的謙卑，用真實的態度來面對生活。

國王說：「這樣吊掛衣服，看起來像是排得很整齊的守衛、管家或軍隊一般。」

我說：「當我們把衣服收回衣櫥時，就是照顧自己的身體，讓物品得體的成為他們最舒適的狀態。」

所有吊掛式的衣物需注意肩線與衣架的寬度是否恰當，衣物肩寬與衣架不合時建議選擇摺疊，才不會因吊掛而讓衣物損傷。

◎摺疊

用雙手甩／抖動衣物並順手把鈕釦扣上、拉鍊拉起，再用手開始摺衣物。攤開並用手的溫度來撫平衣物→將衣物摺疊變小→不論你用什麼收納技巧，物品最終呈現的樣貌，會變成生活中的神聖幾何。手的觸摸，可以讓殘留的過去歸零，就像是嬰孩時期被輕撫的感受，手的能量也是一種光的療癒。

- 摺疊成四方形，是一種平衡的能量，代表著「穩固」
- 摺疊成圓柱型（捲起），是一種漩渦的能量，代表著「循環」

將衣物的流蘇、裝飾摺在內部可以保護衣服，而圖案摺起來朝外可方便辨認，盡量使每個都同樣大小。

你說：「捲起來成為蛋捲狀這個我知道，不是還有那種口袋式的收納，可以讓衣服變成一包一包的。」

國王說：「為什麼要把衣物弄成一包呢？」

你說：「這樣在翻找衣物時不會弄亂，而且也可防止小孩把衣服丟的到處都是。」

我說：「也許更應該要思考的是，為什麼自己在翻找衣服時會弄亂？為什麼孩子會去翻你的衣服？他們是否想告訴你什麼事？」

你說：「只是摺疊衣物而已……哪來這麼多大道理。」

我說：「這個世界上的每一件事都同等重要。不論是靜心、冥想、打掃、清潔或是摺衣服。」

你說：「可是我比較喜歡吊掛，不喜歡摺疊耶……」

我說：「所有事情的重點都不在於表象，而是對待衣物的起心動念。」

當你帶著覺知撫摸衣物，你會發現你正在撫平你的靈魂。

衣物上架定位後發現「不夠放」或「不好放」時，可以重新審視「了解物品的存放空間（P.262）」，適時的使用工具改裝也是一種發現的過程。

步驟二、收納需要維持衣物的「氣」，讓能量得以流動。

人生整理的「收納能量」

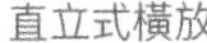

直立式橫放

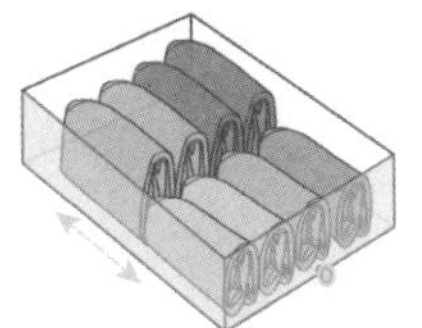

直立式直放

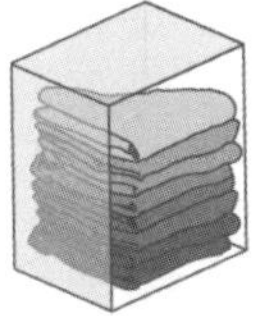

疊放式

書本式

捲筒式

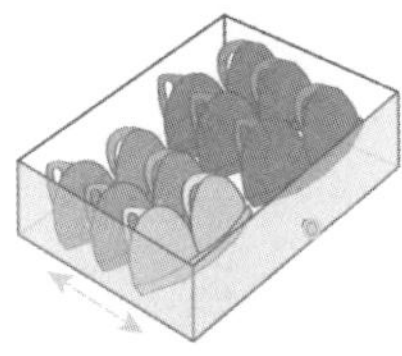

女性內衣單獨存放：讓罩杯可以平放不扭曲、不折疊。

一、收納時，讓有摺痕的靠近櫃子底部，平滑面在上方，便於拿取。

二、軟質衣物可全部捲起放在同一個籃子內。例如：雪紡衫、圍巾。

三、也可使用抽屜再放入籃子的方式，讓衣物各自有自己的空間。

所有的衣物都需要能夠清楚地被看見。

放鬆、開放、自由

◎放鬆

當衣物收納在衣櫥內時，不要讓纖維與鬆緊帶二十四小時都在工作。讓它們可以放鬆，不要將衣物綑綁、壓扁或摺得很緊密。例如：襪子撫平折起時不要用鬆緊帶綁著，而「蓬鬆」的羽絨材質不要壓在最下方（需定期的去輕拍保持衣物狀態）。鬆緊帶繃緊來自於——需要非常拼命、一直向前衝的集體意識，物品正在反應使用者看不見的情緒與壓力。這也是有些人會越界去占有別人空間與能量的原因。

◎開放

擺放以能夠「一目了然」為主，你看見衣服時，衣服也看見你。

當你的視線是「從上往下」看抽屜櫃，建議「直立式橫放」收納，若深度較深可用「直立式直放」收納，並像山丘一樣的「前低後高」。而視線是「平視」或「從下往上」看的可以「疊放式」或「書本式」收納。

◎自由

所有收納空間需要留白的自由，留下兩分的空白預備不時之需，還有一分的空間給看不見的「氣」。不論是吊掛或摺疊，都只占每個區塊空間中的七分，讓你的「手」可以容易拿取衣物，也讓衣物有呼吸的空間。

衣服不只是衣服，是人身體之外的身體，它們有著我們看不見的生命，我們自身如何對待衣物，這些記錄與播放就會經由我們穿上衣物後回到自身。把衣物歸回衣櫥內最重要的是讓「能量」可以藉由收納在衣櫥內流動。我們的每一個動作，都在DNA與相對應的RNA中留下資訊，就像在自己的身體內有火的旋轉。帶著覺知將物品「定位」是一種愛，藉由對待物品，重新與自己的靈魂連結，這就是愛自己。

你說：「這些整理的過程，好麻煩……」

我說：「到目前為止的所有，都只是讓你參考的步驟。他們就像是一種靜心的過程，也是一種拆解自己故事的旅程。」

每次將衣物放入衣櫥時都可以參考這些概念，它們不是準則，而是資訊上的建議、人生模擬之旅的旁白。而我只是在這邊繼續訴說著曾經發生的故事，也許你有更方便拿取的方法，或想要陳列的跟商店一樣……重要的是，讓你自己跟隨著心，選擇適合你的方式。

別忘了，在居住空間內還有「正在穿著」以及「使用過但還不須清洗」「等待處理」「正在清洗、晾乾或烘乾中」的衣物。而不在家的物品，可能是拿出去送洗、或放在其他倉儲空間、自己的老家、其他居住地、他人的家裡、放在車上、工作場所、借出去等。這些分散各地的你自己，也須好好的經過整理的步驟，讓它們在你的生命中有固定的位置可以擺放。送洗回來的衣物，需把塑膠套拆掉才收入衣櫥內，因為這些不透氣的塑膠袋會讓水氣殘留，容易造成衣服發霉，如果你送洗的衣物是比較需要好好保護的，建議使用衣物專用的收納袋。

【妝點】

你說：「我以為物品歸位之後就結束了？」

我說：「的確是，當你把物品放在它們所屬的位置上時，我們完成了歸位。而最後這個妝點不是必要，但卻是讓空間變美的必然。」

情境一、你可以在衣櫥內的一角，放上你喜歡的東西。可能是裝飾或香氛，有時候我會建議可以在衣櫥門板內貼上「夢想清單」，每一次在換裝時都可以重新再審視什麼是自己的夢想？而自己穿上衣服，又是要扮演怎樣的戲碼？

情境二、如果你的櫥櫃是與他人共用，最後的妝點就是明確地把「界線」分出，是否需要貼標籤？特別是被收納盒裝起來的物品。有時候，清楚的標示，能夠分攤生活中的判斷。通常鞋櫃與同住者共用為多，可依據每個人的身高來溝通區分適合的放置區域。如果你的狀況是有請人代勞將物品歸位，除了貼標籤以外也需像操作手冊一樣，將每個物品所放置的位置、規則詳細列出，以便請代勞者依據同樣的方式收納。

情境三、歸位後發現，使用上的問題……也許開放式容易產生落塵，那是否需要用收納袋來防止？或者找出「灰塵」的來源？又或許是目前的衣櫥難開啟……那是否要拆掉門板？這些問題，也是再次「了解物品的存放空間（P.262）」的學習。每一次改善的過程，都跟自己的過去有關，明明知道不舒適、不好用，但為什麼不作出改變呢？記得，把改變的過程也寫入著裝日記中。

不管你每次的「正式整理」可以進展到多少，即便是中途離開或「分段式計畫整理」的最後，都須回到你的內在，對自己說：「**今天的我自己，做得很棒**。（可以重複數次）」，結束這一段的整理之旅。

讓空間變美，在於「秩序」的維持，及有一定的順序與使用上的協調。若沒有時間一直整理，那就應該盡可能的讓收納搭配你的生活模式。**收納，是我們用來保管物品的一種方法，它是反映出一個人的使用模式，而不是用來侷限一個人的狀態**。如果你真的比較喜歡亂亂的、衣物隨處掛或隨手塞，那也就只是「不確定性」所產生的另類收納方式，就像鬆散的粒子還沒有變成生命中的實相，有許多想法正在空中飄來散去。這也就是為什麼許多科學家、藝術家的環境都是亂的有個性，而他們的人生也如此。

每次的整理，都不需要立即就達到完美，而是跟人生一樣，可以修修改改、邊做邊調整，即使是整理的過程中讓環境變得更加混亂了，也都只是不同的風景。因為在整理之中學到的，一直都是每一個當下的「念」，覺察到我在這裡、我在做什麼、我心裡的想法，而我手上的物品讓我有什麼感覺。每一個過程都可能有開心、難過，看起來好的、感覺起來壞的……感受與看見自己做出的選擇。

你知道嗎？「留下的衣物」與「放手送離開的衣物」同樣重要，因為我們都只是藉由這些發生看見自己。在美國電視劇《正妹CEO（Girlboss）》裡，主角的朋友安妮說：「一個人的外表並不代表全部，那只是希望別人看待自己是這種形象。」而我們「所穿上的衣物」與「整理過後的衣櫥」便是如此。

一直以來的重點都不在外在，而是在你之內。

活「在」每一個當下，看見自己的優點，你就是光。

接下來，我們就能夠活「出」每一個當下，成為真實的你自己。

chapter 3.

夜晚的自己與夢想

Clean mind

夜晚的你自己，在做什麼樣的夢呢？在夢裡面的你，又穿著怎樣的服裝？對應著白天的衣服，躺在床上做夢的你自己，像無意識……卻是靈魂最清醒的時刻。床類物品，代表著夜晚的自我探索，也是內外的自己重新相遇、互相交流的時間，是「巫」的工作。夢境在日常生活中的索引來自於鞋類與包類，使我們的內在穿梭在白天的自己之內，將夢境與夢想連結的物質。當穿上鞋子走向夢想時，適合的鞋子會帶領我們通往幸福的道路。而身上的包包反應出實踐夢想時的態度，乘載著我們所需的物品、學習到的經驗，適合自己的包包會協助我們輕盈的移動在生命之中。

實際上，人類沒有鞋子一樣可以行走，沒有包包一樣可以攜帶物品，沒有床一樣可以睡眠。所以，鞋子、包包與床的作用，就是在原本人類身體構造的條件之上，幫助我們突破更多的侷限。當我們完成了衣類物品的整理，我們就可以從留下的衣服中，選取接下來一起生活的鞋子與包包。而後，我們會透過從人生模擬之旅當中學習到的經驗，來重新看待每日使用的床類物品。那些在我們睡眠時包覆、支持身體的物質……正在告訴我們，如何愛自己、如何照顧自身。

人生整理，是時時刻刻回顧自己的一種覺察，在每時每刻的點滴當中，讓自己陪伴自己，讓物品為我們展現那些未得到應有關注的故事。從中學習到的經驗是支持我們自己走向下一步的滋養。

整理，是一種養生之道。

來自於——願意慢下來觀看自己的「心」。

我們需要從中看見的——是自己的價值，以及如何正確地把力量放在自身之內。

第一節　灰姑娘的玻璃鞋

《旅人：灰姑娘》

在父親過世後，灰姑娘[1]被繼母與姊姊們逼著做家中的大小事，因此身上常常沾滿了灰塵。有一天，城堡裡要舉行舞會，王子邀請了所有人來參加，所以繼母與姊姊們就打扮得漂漂亮亮的出門，逼迫灰姑娘留在家裡做家事。突然，一位仙女出現了，她手一揮讓灰姑娘的身上出現了美麗的服裝。然後，仙女教母說：「妳怎麼沒穿鞋子呢？」她再揮了一次魔法棒，灰姑娘的腳上出現了一雙玻璃鞋。在夜晚中，晶瑩剔透非常閃亮。灰姑娘開心的笑了，說：「這樣我就可以去參加舞會了。」

參考資料：夏爾・佩羅《灰姑娘》

國王說：「去見王子，穿上美麗的服裝還不夠？還需要有高跟的玻璃鞋啊？」

灰姑娘說：「如果沒穿高一點的鞋子，王子可能看不到我。」

你說：「對啊，如果不穿，感覺會矮人一截。」

高跟鞋的起源來自於戰爭，是波斯人發明出來可以鉤住馬鐙的後跟增高鞋。後來傳入歐洲，變成男性貴族展現個人時尚的流行風潮，當時的女性為了想要增加更多的男子氣概，開始穿上高跟鞋。發展至今，變成了許多女性用來提拉身材曲線的工具，但也造成了身體上的壓力與性別歧視的偏見。

我說：「鞋子，是包覆足部的物品。想要更高，不是為了讓別人看見，而是學習放下重量、放下傷害。就像佛行離地[2]……我們所走的每一步，是要走入自己的心。」

---

1 又稱仙杜瑞拉（Cinderella），在法語裡其實是由灰（Cendre）與女傭（Souillon）組成的 Cendrillon 一詞。而 Cendre 也是在聖經裡表示羞辱或苦修之意。所以，在這個故事裡面，主角是沒有名字的少女。

2 佛教經典中，記載佛陀在走路時是離地四寸。

身體的拓印

鞋子跟衣服一樣，是屬於「使用慣性」的物品。腳承接著身體的能量，而腳板接觸著心房的「地」，最後透過鞋底，在走過的道路上留下了拓印。每走一步路，就像是水面的漣漪，輕碰著地面，而地球也感受到每一個人所傳遞的聲音。但現在許多人穿著不適合的鞋子在走路或運動，造成長期性的身體壓迫。也因此，人類開始聽不見大地的聲音，宇宙的能量也無法順暢地與人交互流動。

人的身體，是一個連鎖式的系統，身上的每一個器官都與宇宙相呼應。每個骨頭、肌肉、筋膜，有其固定的位置，在生物力學中，以脊椎為中心線來對稱排列，而雙腳的骨頭占了全體的四分之一。好好走路，就能夠與萬物溝通。當我們拿起自己擁有的鞋子，就可以從中觀察到心底的聲音。那些身體上的慣性，在鞋子上面留下了線索……

你說：「鞋子又髒又臭，我們到底要看什麼？」

灰姑娘說：「是要看穿起來好不好看嗎？」

我說：「我們需要換個角度，翻過來看鞋的底部，因為那是人生軌跡的印泥。」

許多人覺得鞋子踩在地上很髒，不太會去看鞋子的底部發生了什麼事？其實，整理鞋子最重要的觀察在「鞋底」，而非鞋子的樣貌。鞋底上面的磨損，會告訴我們健康的祕密。應該是對稱的人體，如果鞋底兩邊磨損不平均，可能代表我們的身體已經失衡。因為鞋底的磨損，反映出我們身體上緊繃的壓力與歪斜。若鞋底的防滑痕被磨平或底座不穩，都會影響到整體構造的安全。

所以，先看鞋底再看鞋面（正面樣式部分），因為千里之行始於足下。我們從下方開始確認，然後回到上方去觀察，也就是禪門說的：「照顧腳下」，注意腳的下方，即是注意這個當下。在許多禪寺的門口，會看到這幾個字。提醒著覺察當下的身與心，並整理好脫下的鞋子。你有沒有觀察過，當你把鞋子脫下時，是怎樣擺放著的呢？你是坐下、蹲下、還是站著脫鞋呢？當你把鞋子脫下時，你的心裡面正想些什麼呢？

許多人忙於過去的故事，卻沒有好好的看見當下自己的行為模式。若鞋子脫下時用丟的、從鞋櫃拿出來時也用丟的，讓原本應該支撐身體的鞋子，被隨意的對待。鞋子在這個過程中失去了穩固、記錄了崩壞，在看不見的隙縫中，讓身體的骨架無法平穩的被鞋子支撐著。

有時候，鞋子會亂丟翻成正反兩面，扭曲了自我價值，連自己都不尊重自己。也有時，會踩在鞋子上面，壓迫帶領我們走向更遠之處的物品。這些對待鞋子的行為，就像在對待自己……

當你可以好好照顧自己的鞋子，讓物品舒適、如同對待讓自己的心，鞋子就會與宇宙合作引領我們走向更美好的道路。讓鞋子一對的併排放在一起，不論是在收納上、暫時的擺放處都是相同。即便是身體有殘缺，只需要穿單腳[3]鞋子的人，我也邀請你，把另一隻腳的空間留下來……也許在看得見的世界裡面少了部分的身體，但在看不見的世界裡面，我們每一個人都是完整、完好無缺的。

打造自己的聖鞋

當你穿上適合自己的物品時，會像是沒有穿任何東西一樣。因為物品變成了自己身體的延伸，覺得更加舒適、更被支持。與衣類物品相同，人生整理課的鞋類物品也可區分為「使用目的（P.97）」「使用狀態（P.100）」，而物品型態分為平底及有跟、鞋面的包覆狀態及鞋筒高度。接下來，你需要開始思考穿在腳上的物品對你的意義是什麼？你為何要穿上它們？在許多文化的歷史當中，都有針對腳的覺察。腳是什麼含義？為什麼要穿上鞋子？而為什麼又要脫下鞋子？

腳，是人體的第二顆心臟，也是第二對耳朵。我們可以透過腳，感受當下土地的震動，同時也會透過腳所散發出的高濃度氣味來傳遞訊息，就像動物的記號，也利用味道來表達。選擇穿在腳上的鞋與襪，就是一種準備自身的狀態。讓腳上的物品協助我們前往更遠之處、突破身體原有的限制。當我們在挑選鞋子，不論是整理家中原本舊有的物品，或是購買新的，我們都需要覺察與物品之間的契合度。讓我們用「整理風水[4]」的三步驟來進行：

3 若你原本就是完全不需要穿鞋子的人，只需在心裡面留下這個空間即可。

4 整理風水為人生整理課當中，融合「整理的覺察」與「靈性能量」的思考方式。

一、回到內在思考，我需要這個物品的原因？它可以怎麼支持我？

讓相對應的物品，使用在相對應的場合。就像夏天穿涼鞋、雨天穿雨靴、嚴寒天氣穿雪靴，或針對不同運動、工作場合所需的機能鞋。鞋子是讓移動增加更多的功能性，而不只是裝飾。失去功能性的鞋子，就需要修補或是淘汰更新。

摩擦力、耐震力、支撐力、包覆力、穩定力、保護力

【摩擦力】

鞋底的止滑[5]功能是否合適？走路是否平衡？在溼滑的地面上，可否發揮功用？除了一般室外鞋，也需注意在屋內陽台、衛浴所使用的室內拖。有些人喜歡把飯店的免洗拖鞋拿回（自用或客用）。但這些大多無止滑功能，對於腿部肌肉較無力、年長者有危險性。穿上鞋後以「單腳站立」及「左右旋轉」來測試兩腳鞋子的底部狀況，往前「走」及「跑」幾步路，來確定雙腳的功能是否平均。若底部磨損嚴重、會滑動，建議立即修補或替換。

〈計算公式〉

出門時，自備一雙止滑功能佳的拖鞋，就不需拿取拋棄式拖鞋。也可在交通工具的搭乘中、下榻住宿後換穿。讓鞋子的「1＋1準則」支持生活的不同時刻。喜歡囤積免洗拖鞋的人，通常「主觀意識」較強、不太愛聽他人的建議，容易認為自己才是對的，會在無意識情況下強迫與控制別人。

【耐震力】

鞋底是否可以緩衝？是否有彈性？當我們往前走，鞋子的底部是經由接觸地面↓身體往前推↓地面將力量反推回去而前進的狀態。鞋底若是太薄、太硬或沒有氣墊避震，容易造成足底筋膜炎。通常穿鞋後腳底板會痛，表示鞋子的耐震力對現在的自己而言不足。

【支撐力】

鞋墊是否可以支撐足弓？足弓是人的腳底向上拱起的結構，用來承受站立及移動的力

---

5 已失去止滑功能的鞋不適合捐贈。

道，便於物種上的遷徙。可以做「足弓檢測」來確認自己的狀態——雙腳沾水踩在紙上，就可以用水印來確認，而肌肉、筋膜的鬆緊度都會影響足弓的曲度。

你說：「我發現腳會因為年紀而變大……不像成長期，是莫名就穿不下鞋了。」

我說：「因為身體的改變，造成了足弓塌陷。」

像是生完小孩後、運動或意外造成的傷害、體重增加、身體長期姿勢不良[6]，都會讓原本的足弓失去彈性。步入中年期，許多人開始愛買鞋子，若原因來自於想要找到比較舒適的鞋子時，就需注意足弓的狀態，因為腳底的歪斜會影響舒適度，即便買了鞋卻容易在使用一段時間後就開始不舒服。

而目前強調健康的足弓矯正鞋，穿著時容易讓足弓呈現固定的狀態，可能會因此失去肌肉的耐力，造成長期穿足弓鞋後就無法再穿其他鞋子。每個人的足弓型態不同，須確認雙腳與鞋子底部（鞋墊）是否貼合，以達到輔助效果而非強硬的固定。建議尋求專業醫學建議或物理治療，而不是只聽商家推薦。

【包覆力】

鞋面與足杯（後腳跟處）是否有足夠的包覆力？鞋面包覆越多越安全，有些涼、拖鞋簍空部分較多，容易因表面裝飾而刮傷腳背。而足杯支撐力越好，可減少腳踝扭傷（翻腳刀）的機率。如果你穿著的鞋子曾經內外翻過，鞋子的構造可能會因這樣的左右旋轉而造成物品的結構坍塌，即便肉眼看不出來，但有可能受力已經不平均，很容易再次拐到腳。若足杯無法固定腳踝的關節，可能會因施力不均而讓腳變形或腰痠背痛。

每個人腳跟狀態不同，須確認自己腳與小腿相連處的「腳腕（腳脖子）」形狀，後方凹進去的弧度會決定穿鞋時，腳跟是否跟可以與足杯貼合。若後腳跟有磨腳狀況，或走路時腳跟會上下滑動（危險性高），都代表弧度不合。

【穩定力】

腳與鞋是否平穩地踩地與固定前行？常見的夾腳拖，只有上方的人字細帶固定，很容

6 常見的不良姿勢有：翹腳、側睡，通常也可能伴隨長短腳、骨盆不正的狀況。

易因受力不均而腳背痛，不適合年長者或糖尿病患者。加上腳與鞋子呈現不穩狀態（腳與鞋因為走路而分開），若長期穿著或穿著跑步，可能會對腳踝、膝蓋造成損傷。而高跟鞋的形狀會讓走路的重心偏移，為了平穩地往前走，身體的重心前移到腳趾，穩定力偏低。

不論哪種鞋款，都需讓腳平穩的站在鞋墊上，可搭配五指襪讓著地面積變大。有些人喜歡穿著踩起來軟一點的鞋子，但太軟時會讓腳陷入鞋墊中，容易不自覺的緊抓底部，造成不正常用力。通常包覆力高的鞋子，穩定力也較高，相對安全。此外，鞋帶也是穩定力的幫手，在運動時需要正確的綁上鞋帶，以確保安全。若鞋帶有鬆脫、斷裂的狀況容易造成絆倒，建議先符合「舒服合腳」後，再考慮是否容易穿脫。

【保護力】

確認鞋內舒適空間。穿上鞋後，腳趾頭在鞋內可以跳舞，而氣可以流動，即便是穿上襪子也不會太緊，讓腳與鞋內空間相互平衡，就是最佳的保護。在購買鞋子時，常常聽到「不用擔心太緊會越穿越鬆」「若太小了可以把鞋頭楦大」的說法……事實上，物品應該在購買時，就需符合剛好舒適的大小。可用以下要點來確認，你現在擁有的鞋子是否還可以繼續在這個當下支持你：

- 鞋長（通常為鞋的尺寸）：穿上鞋後，將腳跟碰到足杯。腳趾不應碰到任何鞋的邊緣（包含尖頭鞋），並在腳與鞋頂端處預留一個趾頭的空間。
- 鞋厚：把腳趾頭往下收，感受腳背與鞋子的高度是否適合？觸碰到上方時，也可確認包覆材質？特別需留意的族群為：年長者、懷孕期、身體會水腫、皮膚敏感者。
- 鞋寬（腳圍）：包含「前掌寬度」與「腳背寬度」，亞洲腳型較寬[7]，而西方腳型較細長。當你穿上鞋，前腳掌用力、後腳跟往上提，中間折彎的部分應為鞋的最寬處。若鞋底很難彎曲，會造成腳部肌肉的代償[8]。要注意成長期孩子所穿的鞋，因為不適當的肌肉使用與姿勢會對發育造成影響。

在衣服與鞋子的版型上，每個國家略有不同。若鞋子太窄小，腳趾頭容易互相重疊、

7 此外，亞洲人的頭蓋骨橫向較寬，雙耳尖連起來的寬度為最寬處。選擇帽子時也可多注意。

8 代償是身體的保護機制，當身體的某部位無法正常運作時，另外一個部位就會暫時性的取代運作。若長期身體持續有代償狀況，容易引發疾病。

邊緣因摩擦而起水泡[9]。當壓迫到骨頭時，可能造成腳的變形，也容易跌倒。不管是站立、移動或坐著，腳趾頭都有舒適的移動空間，腳背、腳跟平穩不滑動，就是鬆緊合宜。另外，也須確認襪子是否保持適當的厚度與縫線會不會跟鞋子摩擦，而有機能性的壓力襪，也可以讓腳的循環更好。

二、觀察自己穿上鞋子時，感受「鞋子這個物品」與「腳」以及「移動」。這就是學習看見事物中細微的「因果關係」。摩擦、耐震、支撐、包覆、穩定、保護，都與身體上的感受有關，也是物質身體與現實合而為一的「選擇」。像是動物足蹄上面的馬蹄鐵，具有保護功能。穿上它們，可以讓我們走得更遠、更舒適。

當我們閉上眼睛，用聽的——這雙鞋子的聲音是否很尖銳？鞋跟是否會在走路時製造噪音？用聞的——這雙鞋子是否有不舒適的氣味？是物品材質的味道，還是腳流汗而出的氣味？許多人拿著穿過的鞋子時，都會對自己所產生出的氣味感到皺眉……但，我們為什麼對於保護雙腳的鞋子有這樣的反應？

灰姑娘說：「窮人與奴隸是不能穿鞋的……能夠穿上鞋的人，代表了地位、權利，還有自己『擁有自己』的自由。我也因有了玻璃鞋，才走向不同的人生。」

你說：「我從小就穿著鞋子，如果不穿，我覺得地上很刺！」

我說：「既然如此，那對於保護我們雙腳的鞋子。更應該敬重它們不是嗎？鞋子為我們的腳抵擋了崎嶇，又為我們承受身體排出的氣味。」

每一雙鞋子都是神聖的，所以鞋子每次使用過後的清理，就是告訴人類，需要謙卑的彎下腰來，反思、反省與反觀自己所走過的路以及心中泛起的情緒。鞋子會臭，是因為我們沒有讓物品休息，也沒有讓自己用留白的態度去重新觀察人生道路。人的腳是能量匯集的部位之一，是身體重要的散熱之處，是命火的根。足部的保暖，可以讓我們更穩固在大地之上，當腳暖了、身體就會暖、在身上各處的「氣」也因此可以不斷運作。即便在夏天，腳也需要保暖，可搭配吸汗的襪子，襪子可以把身上的能量維持在體內，就像是穿裙子時會搭配絲襪，用以保持身體下半部的溫度。

9 亞洲腳型穿上歐美品牌的細長鞋型容易讓「腳踝」被鞋邊緣摩擦。

有些合成材質的鞋子特別容易發臭，也可能造成腳的過敏腫脹。不論是動物皮革、植物皮革或是染色劑，在長時間穿著時，腳會「經皮吸收」鞋子的揮發材料。建議購買就選擇有檢驗合格的廠商。

三、鞋子是維持骨架以及身體平衡的重要物品。讓我們從自己的「生命場景（P.226）」中，找出搭配的鞋款。依據「使用目的（P.97）」可能會有以下不同的分類：

【居家鞋】

從戶外進入室內，不是每個國家進屋都會脫鞋子。若要維持室內的乾淨，建議回家後立即換穿居家鞋，或是赤腳，不讓鞋底攜帶的痕跡被帶入室內，特別是家中有孩子、有呼吸道症狀以及傳染性疾病蔓延時。在日本，即便是公共空間的學校，都會在門口換穿室內拖。另外，居家內若有場所（浴室、陽台）共用的拖鞋（同住者或客用），都需定期清理。這些共用的鞋子，常常是腳的疾病互相傳染的媒介。在收納時，居家鞋與室外鞋應該分開存放。

【正式鞋】

跟制服一樣，這些鞋子可以讓我們改變狀態與心情。建議單獨存放，以確保鞋型維持良好狀態。出門時，可直接放入鞋盒攜帶換穿。

【氣候鞋】

針對冷熱、天氣、季節、不同地貌的功能。若一段時間沒穿，再拿出使用，需先確認鞋子功能性及狀態，以保持安全（特別是下雨天、出門旅遊時）。每個物品都有使用上的壽命限制，許多物品會壞掉，來自於我們沒跟它們產生連結。不常穿的鞋子，在黑暗潮濕的櫃子內，沒有主人的關注、也沒有見到光，就很容易崩壞散架。而我們的腳的狀態，也可能在不使用這雙鞋子的期間中改變了。

你說：「我看許多專家說，多久以上沒使用的物品就要處理？」

我說：「你是在過自己的生活，還是在複製專家給出的生活？」

物品是否還想繼續使用，完全取決在於你自身。你想使用時，物品就變成你的當下。

我們不把丟東西的標準放在「時間」上面，而是把是否要繼續與物品一同生活的選擇，放在你的心裡面。

【健康鞋】

通常是好走、對身體有協助功能的鞋子，可能還有些許「矯正」效果。

你說：「聽說有些特殊材質的物品，可以產生能量?只要穿上，身體就會改善……」

灰姑娘說：「我也聽說過，但這些是真的有效果，還是魔法?」

我說：「的確有些材質，對物質身體有作用。但，每個人是為了什麼而穿上，那樣的起心動念會影響我們與物品的關係。只要我們真心對待物品，所有物品都會為我們產生能量，不只在看得見的世界，也會在靈魂上有作用。」

其實，每雙鞋都是健康的鞋子。只要好好的照顧及調整、維修成適合自己現在的狀況，就是對健康有幫助的鞋。而鞋墊是鞋子的好幫手，目前有許多減壓、調整姿勢的醫療鞋墊，可用來替換沒有支撐效果的鞋墊，同時可以延長鞋子的使用。

你說：「我有買那種瘦身，還有按摩效果的鞋子耶。聽人家說，越痛越有效！而且我還買了一邊走路就可以一邊擦地的鞋子，超級節省時間！」

我說：「其實鞋子，就是協助移動。讓現在的身體可以產生最佳的活動力，就是鞋子最大的功用。其他附加上的，都是人類的慾望。」

有附加功能的鞋子，其實都不能稱為鞋。如果你希望可以瘦身、想要被按摩，那應該靜下心來與身體交流。如果你想要打掃地板，那就回到內在，與心一同將地板掃淨。當你想要一心多用，卻讓心不在當下時，會發現沒有一件事，是真的有用。

【運動鞋】

最接近我們生活的「健身工具」就是運動鞋。為確保安全，在進行專門的運動時盡可能搭配適合的鞋子，或挑選適合自己運動的多功能萬用鞋。搭配相對應的機能襪也很重要，建議詢問特定運動的專業人士。特別是發育期，或長期沒運動突然想要運動的人，才不會越運動傷害越大。

這些要素與物品的組合，就是你自己的聖鞋。穿上不同的鞋子，讓腳的不同部位被輪流使用。當你穿上後，感覺到站立時「放心」，走路時「舒適」，運動時的「被支持」。並採「1＋1準則」搭配另一雙特殊目的鞋子，例如：高跟鞋、舞鞋、只適合拍照用的鞋子。

讓鞋子與你完整合一，就是最好的接地氣。而你腳踩在地上說的每一句話，地球都會回應你。他說：「你是被愛著的……因為你值得。」

聽土地的聲音

遠古的人類開始穿鞋，是因為鞋子可以保護我們的腳，而且讓腳更加舒適。但也因此我們失去了跟土地的親密接觸。在傳說當中，人是從泥土裡面來的，而在地球所處的銀河系中，地球也是唯一有「泥」土的地方。讓腳接觸泥土，我們就可以跟土壤裡面的「菌」產生交流。去山裡面，可以接收植物散發的芬多精（Phytoncide），去海邊可以從飄散的水氣中吸取到微量元素。就像近年來，許多人提倡赤腳接地氣來排除體內靜電，也是一種回歸自然的方式。當我們赤腳時，感官會延伸到地面。讓腳底的神經系統被地面上的物質所刺激，全身的細胞因此更加的甦醒。

不過，目前的綠地都可能有農藥噴灑、寄生蟲的危機，許多海域也遭污染，建議確認環境狀況後才在戶外赤腳行走。當人類決定開始穿鞋，文明的發展就已經不完全適合赤腳走。實際上，穿上鞋子可以讓腳的肌肉比較不費力，但穿鞋時間太久，或穿了不適合的鞋，也會造成腳的退化。能夠找出穿鞋與不穿鞋的平衡點，就是人類使用物品來覺察自身的過程。什麼時候應該脫下鞋來讓雙腳解放？而什麼時候又應該穿上鞋讓身體被支持？這些都是要從自身開始，回到內在去選擇。拚命的赤腳接地氣跟只願意穿高跟鞋，其實都是同一件事……如果這個世界出現這麼多不同的物品，表示每種物品都帶有他們各自的故事、被製造出來的緣由，與可以幫助人類的心念。

要穿什麼鞋子？搭配怎樣的襪子？如何穿才能夠讓腳健康？有沒有兼具保暖及適合生命場景？許多人喜歡夏天的時候赤腳踩在冰涼的地板上，但有可能散熱過度而感冒。或是冬天太冷穿了很多層的襪子加鞋子，結果造成流汗不通風皮膚濕癢。我們需要時時覺察以及考慮自己的狀態。現在感覺到冷還是熱？身體是否有正在感冒、生理期、懷孕？或是疾病造成腳的腫脹？

人生整理之「回到當下」的步驟

第一步：閉上眼睛，感受自己的身體。隨著呼吸……吸進我們需要的，吐出我們不需要的。在此你可以多做幾個呼吸，直到身體感覺到放鬆。

第二步：慢慢的把你的專注力，移到雙腳上[10]。動一動腳趾、然後旋轉腳踝，將其中一隻腳輕輕地抬起，然後慢慢的放下。越慢越好……接下來，也將另外一隻腳一樣的輕輕地抬起，一樣的慢慢的放下。感受雙腳穩穩的踩在地上（此部分可停留一段時間）。

第三步：隨著你的呼吸，慢慢的……把眼睛慢慢的睜開。

這樣的步驟，不管是赤腳、穿著襪子或穿著鞋都可以做。人生整理的回到當下，就是讓自己紛亂的思緒與能量可以透過呼吸與身體的連結，讓自己運用自身的力量回到內在。在緊張、焦慮、恐慌、身體不適、感覺太冷或太熱時都可以做。

每一個當下，都讓我們回到內在。

當你做完回到當下的步驟，可以感受一下身上的衣服、腳上的鞋與襪、背著的包包、坐著躺著的椅子或床是否讓你覺得不合拍？是否需要多穿，還是要脫掉？我們用回到內在的覺察，去篩選自己使用的東西，在購買物品時也可以變成對自己的提醒。

10 如果你的足部有些缺憾，可以在專注力移到雙腳之時，想像你的腳是完整無缺的。並在你的心裡面跟著我們一起做這件事。

第二節　愚人的行囊

《旅人：愚人》

我是塔羅牌中的愚人（The Fool），我也是樸克牌中的小丑（Joker）。

我在不同的世界中流浪，我穿梭於每個人的人生故事中。

你無法界定我是誰，你只能從我的行囊中窺探我的經驗，它們是我的過去，也可能變成我的未來。我不被行囊中的東西所控制，即便它們是我現在全部的家當。

這個世界對我來說，是一場冒險，我想打破所有的規則。

我擁有一切，又像是什麼都沒有。

我是開始也是結束，因為我存在於當下。

你說：「所以你的家，就在你的背包裡面嗎？」

愚人說：「我身上的袋子不是重點，真相不在外，而是在內。」

我說：「我們身上的包包，是我們背負著的故事。我們把所需要的東西包覆在其中，而你，又放了什麼東西在裡面呢？」

內心的家

在人類的歷史當中，許多民族都有把物品近身攜帶在身上的紀錄。不論是手拿、頂在頭上、綁在腳邊、還是不同形式的背在身上。十九世紀的工業革命時期，人類的交流開始跨出國際，身上的口袋無法再滿足人類的慾望。當時的材料與設計蓬勃發展，讓「包」變成了新的身分地位。順應著物質文明的起飛，人類所使用的包包開始有許多不同的形式。不論哪種樣式，「使用目的」都是乘載所需的物品，而「使用狀態（P.100）」會依據每個人生活的不同狀況，有些包持續在使用，而有些包可以替換休息。

人生整理課的物品「包類」[11]分為以下：（以個人為例）

- 手提包（含公事包）
- 側背包
- 斜背包
- 後背包
- 腰包、手拿包
- 拖拉式包或行李箱
- 包類配件：包中包及收納袋、包包雨衣
- 環保購物袋、紙袋、塑膠袋

前述包類通常為沒有指定用途，裡面可以裝的物品各式各樣，人生整理課稱為「多重指向性包」。而有指定用途的錢包、化妝包、承裝食物的包……暫不計入，這些為了特定物品而保護、收納的「單一指向性包」，將在人生整理課提及相關物品時另做論述。

我們所使用的包包，乘載了我們的所需，它們是我們在外移動時的「家」。當背著包出門，包內的物品是我們「當下」可以使用的工具，在移動之中為我們的生命提供協助。我們回到家之後，就需要把這些包包與物品歸位，以便再次使用。

愚人說：「你們就是因為沒有給『行囊們』明確的定義，才看不清楚方向！」

你說：「什麼是明確的定義？包包不就是為了拿來裝東西的嗎？」

我說：「當一個物品沒有明確的指定用途，它們就會在原地待機、空轉，直到我們給出了生命中的定位。」

好像可以裝這個，又好像可以裝那些的包包們，不斷的在未竟之事裡面盤旋……拿來包住物品的東西，被閒置、散落在居家環境時，就好像在空中有許多想法，但又如同泡泡一樣容易破掉或忘記。每一個都很美好，但每一個都在夢中。仔細想想，在我們居家環境裡，有多少沒有被善用的物品？那些買東西而免費拿到的環保購物袋、紙袋、塑膠袋，或是贈品的包包們，它們到底被使用了多久？又放在角落忽略了多久？我們需要理解，物品來回的在我們的生命中出現，它們是人生旅程中的陪伴，不應該拿到之後被丟棄，也不應該被冰凍在居家的一角。

11 包類物品，在本書描述時會依據語意而使用「包」「袋」等字詞。

你說：「那我們可以做些什麼？」

我說：「使用現在擁有的，而非無限制的取用免費的。」

出門時，在包包內帶著自己已有的袋子來當作購物袋，然後為其他人多帶一個。使用「1＋1準則」，把乘載夢想的包分享給其他人，讓你的物品，在其他人需要的時候可以派上用場，也因此你的夢想可以在各地開花。

把閒置沒有在用的袋子，集中在一起。篩選出還能夠繼續使用的，把破損、分解、潮濕的袋子感謝後放入垃圾桶中。依據材質分類為：紙袋、塑膠袋、不織布袋、布袋，留下自己方便使用於購物的袋子、或用於物品防塵、部分可當作送禮的袋子、部分用於承裝垃圾。其他的可以分享給其他人或捐贈，目前已經有許多單位可以接受二手袋循環，可多留意身邊的商家單位。

愚人說：「塑膠袋不是拿來丟棄的，而環保袋不一定環保。」

在一九五九年，瑞典科學家斯坦・圖林發明了塑膠袋，為減緩當時紙袋的使用造成森林的過度砍伐，讓更堅固的塑膠袋來取代不耐用的紙袋。幾年後，人類覺得塑膠袋會污染地球，又回頭改用紙袋或是購入棉花布袋、複合材質的不織布袋。再過了幾年，人類又發現因環保而選擇的紙、布、不織布，其實要耗費地球更多的資源。

你說：「所以到底哪一個比較環保？」

我說：「只有被重複使用，才是真正的環保。」

灰姑娘說：「只要可以用，不就應該繼續用嗎？」

愚人說：「所有的東西，都不該是拋棄式的。那些多拿免費袋子來用的行為，只是怠惰。那些把可用包包丟棄的，只是傲慢。」

而你的內心，有多少是被使用後就丟的呢？

我們其實無法真的把物品丟掉，那些覺得麻煩、懶得清理的物品，丟掉了看得見的物質，但可能被囤積在看不見的內心當中。我們的每一個心念，都有相對應的因果會出現。

你拋棄的從來不是手上的袋子，而是那個不被珍惜的自己……

愚人說：「所以，你看見真相了嗎？還是你選擇繼續閉上眼睛呢？」

你的生活有多重？12

你喜歡背什麼樣的包包？而你的包包裡面又裝了什麼東西？你認爲你自己背的包是偏大還是偏小？首先，我們需要理解，身上背的包包重量會影響到身體的平衡，進而改變步行的狀態。這些長期的壓力，在年紀漸長之後可能會出現後遺症。所以檢視自己擁有的每一種包包的類型，以及自己身上可負重的限度就會是首要條件。

〈人生背包公式〉

一般來說，肌肉的強度是越靠近心臟越高。我們需要先找出適合自己的重量，然後再來篩選放進包中的物品。依據美國脊骨神經學會的建議——「後背包」的重量在體重的10%以內，讓我們先計算自己的承重數字為X。接下來，把你出門需要攜帶的物品放入包內……然後拿去秤重，超過X的重量就是會讓自己負擔的狀態。

此時，我們就需要篩選物品：

一、思考這些物品是否一定要攜帶？實際上，這些包內的物品是使用包包重要的部分，在人生整理課的接續內容中，會針對不同主題再次詳細論述。

二、是否可以降低攜帶的物品？請依據自己的「生命場景（P.226）」來篩選替換。

三、這些需要攜帶的物品是否可以輕量化？例如：隨身水瓶只攜帶剛好的大小、護手霜分裝成每次需要的分量、善用電子數位物品取代紙製品……

四、是否善用「包中包及收納袋」將物品集中在包內而不晃動？過於零碎的物品如果沒有被固定，會讓包包的重量不平均，進而影響到背起來的平穩度。

將放入物品的整個後背包重量，控制在X之內後，把包揹起來。做以下確認：

一、調整肩背帶，讓包包平均的貼近背部，不要下垂或讓腰背懸空。此時可以確認背

12 出自《型男飛行日誌（Up in the Air）》，主角萊恩．賓漢在電影中的演講——「你的背包裡有什麼？」開頭的第一句台詞。

帶是否符合自己的肩寬。確認背上包包後，背帶不會勒住身體也不會滑落即可。建議背帶選擇「平面寬版」，才能一定程度的分散壓力。也可以使用加在雙肩背帶的胸扣、腰扣來固定。如果你的包包背帶、把手過細，建議替換成使用起來舒適的寬度。有些包包的背帶會過度摩擦，使衣物起毛球或受損，而金屬鍊條的背帶較容易在皮膚上留下壓痕。

二、背上後是否可以深呼吸？呼吸的狀態是否平順，是否可以吸到腹腔？

三、站在鏡子前面，檢查身體的兩邊是否平衡？頭有沒有歪一邊？或是高低肩？腳有沒有想要站三七步？也可晃動手臂、扭動腰部、彎腰蹲下再站起，此步驟建議搭配鞋子一起測試。

四、往前走幾步路，觀察自己有沒有把重心放在腳底，而不是使用肩膀在馱物。

如果你做這些動作時覺得身體有壓力，那就需要再降低重量。減少包包內的物品，然後依這幾點重複再確認，直到你覺得背起來行動時不會有壓力，此重量數字則為Y[13]。最後，把物品從包包裡面拿出來，單純只秤攜帶物品的重量為Z，這個數字就是你自己的基準點。如果你想要增添新包包，購買的包重量（材質）則建議控制在Y減去Z之內。

實際上，後背包以外的每一種包，在身上的負重各自不同，可參考以下資訊：

<table>
<tr><th>型態</th><th>重量</th><th colspan="2">說明</th></tr>
<tr><td>斜背</td><td>1/2 X</td><td colspan="2">調整肩背帶讓包貼近身體中間。若包型偏大，建議貼緊後腰處（屁股上方）。</td></tr>
<tr><td>側背</td><td>1/4 X</td><td>調整肩背帶讓包貼緊身體不晃動。相較之下短帶子的腋下包款會較省力。</td><td rowspan="2">因為單邊受力，建議定時輪流換邊。</td></tr>
<tr><td>手提</td><td>1/4 X</td><td>盡可能使用手肘提包，而非掛在手腕上。需注意手肘提包時不要讓身體變成高低肩。</td></tr>
</table>

不同的包款都需再次進行身體上確認，以便找出適合的重量。因為背在身上所使用的肌肉部位不同，每一種包所計算出的Y數值會不一樣。而腰包會讓腰椎受力，背上時若覺得腰部有往下拉的感覺就是太重。同樣的，把後背包背在前面防盜時，若發現後腰產生拉扯而緊繃，就應該讓身體休息。在宴會常用的手拿包，是靠手掌的抓力，基本上不論多少重量，都不建議長時間使用。

13 Y會依據身體狀態而改變。若有增加「包包雨衣」、包類「裝飾品」時，亦會影響背上的重量。

你說：「但一定要攜帶很多東西的時候，要怎麼辦？」

我說：「可以使用 1＋1 準則，讓重量可以被分散。原則上自己攜帶自己的東西，若有被照顧者的物品可另外單獨放一個包，並讓每個關係者輪流攜帶。」

像是父母帶孩子出門，父母各自的私人物品放在自己的包中，而給孩子使用的物品單獨的放置在一個包裡面，亦可依據孩子的狀況（年紀與可背負的重量），部分物品讓孩子學習自己攜帶與管理。患有疾病的被照顧者亦同，簡易的物品攜帶，可以讓身體與物質世界有更多的連結。當被照顧者無法自己攜帶物品時，被照顧者的包就由所有隨行的關係者輪流攜帶。除了分開各自的界線以外，也可以清楚的觀察每一個包的使用狀態。有時候女性身上的包包會比男性偏重的原因，可能是多幫其他人背負了他們應該自我攜帶的物品。

當攜帶重量超過身體可負重之時，可以使用拖拉式的行李箱（就像孩子的包可以放在嬰兒車的置物區）。並考慮到行李的搬動，在保護身體健康原則之上，與其使用一個很大很重的包，不如使用多個中小型分攤重量。另外，只要是可以放下包包的時刻，就不要背在身上，讓身體與背負的物品之間找到舒適平衡的狀態。人生背包公式是針對一般生活狀態而言，若是長時間野外所背的登山包、徒步行軍包則有另外的篩選與整理方式，在此不論述。

靈魂是輕盈的，但我們在人生中所產生的「念」加重了身上的包。在小時候背的書包裡，被偷塞了大人的期待。而在成年之後，也不自覺的把旁人的眼光收進自己的包裡面。一個原本應該讓自己生活便利的包包，變成了比較、炫耀還有負擔，誤認為自己需要有什麼了不起的包，才能走上不同的圈子。

愚人說：「你們人類就是以為，包上的 LOGO 是你們的身分地位。而整理開始流行於人類世界後，大家都在追求小包包。我的行囊看起來是用布巾包著東西的小包，但裡面的東西可不少。」

許多人背大包包，可能是不自覺的未雨綢繆。而許多背小包包的人，可能追求物品少量能夠靈活的移動。重點不在於包包的大小，而是裡面的物品以及每一個人與使用物品時所產生的故事，也因此世界有了不同的樣貌。每一個人、每一種包都同樣的重要，他們是生命中被創造出來的靈魂，也是人生模擬之旅當中的風景。我們需要看見的，是這些物品出現在我們面前的意義。解鎖它們的故事，就是在釋放我們自身曾經產生的「念」。理解生活中的每一個細節，都來自宇宙給我們的提醒。

當我們可以拆解——我們所擁有的物品，以及在我們身上所產生的作用。每一個訊息、每一個動作都會變成新神經元的連結。看起來只是在學習「改變物品的使用方式」，但實際上其實在「重新審視自己的樣貌」。

你說：「我發現我會一直想要背著包包，不願意放下。明明有地方可以放，但我還是覺得在身上比較安心。」

我說：「你的內心有什麼恐懼呢？」

你說：「我不知道，我只知道身上抓著東西讓我感到安心。」

愚人說：「你想抓的不是包包，而是安全感。而躲在安全感之後的，是你的未竟之事。其實想要抓住重量的那個人，是過去的你。」

第三節　睡美人與她的床

《旅人：睡美人》

灰姑娘說：「仙女教母告訴我，睡美人正在飽受身體痠痛之苦。」

國王說：「可是她正在睡夢中，我們要怎麼幫助她？」

愚人說：「你看她的床、她的枕頭，這樣怎麼可能會有好的睡眠……」

我們需要清醒時才能整理床類物品，但我們要在無意識的睡眠中才會真正的使用。這就是為什麼我們需要先培養自己與身體的連結，從白天的衣服、鞋子與包包來著手練習後，進而推展到覺察夜晚的自己。在床上進入夢鄉時，我們如何讓物品支持自己呢？

人生整理課的「床類物品」分為以下：（以個人為例）

1 躺著的	床墊
2 支撐身體各部位的枕	枕頭（統稱）、抱枕、靠枕、側睡枕、抬腳枕
3 身上蓋著的	各式被子、毯子、睡袋
4 可供換洗的床衣	床單、枕套、被單、保潔墊、床蓋
5 床類配件	• 墊在床上——涼蓆、保暖毯 • 用於設立睡眠空間的蚊帳、遮光帳 • 睡眠時拿來擁抱、安撫用的軟質娃娃
6 短暫睡眠用	頸枕、趴睡枕

床類物品的數量，以自己的使用需求為基準。擺放床墊的床架、床頭櫃為「家具類」，在人生整理課的接續內容中論述。

我說：「通常不建議準備太多客人用的床類物品。」
你說：「那如果朋友來居住要怎麼辦？」
我說：「是你住在家裡？還是朋友住在你家呢？」

回到子宮

人類藉由使用床類物品來回到「初始的世界」，在床上進行睡眠或是繁衍後代。最適合人休憩的床，就像是子宮一樣。躺在上面，可以感覺到舒適、放鬆，被支撐、被包覆。大部分的人跟床類物品的關係通常停留在外觀，直到睡眠狀況出了問題之後，才會開始思考如何改善。每日的三分之一為睡眠時間，但真正達到充電狀態的可能更少。當沒有足夠的睡眠來修復身體狀態，白天的自己就會與衣服、鞋子、包包失去穩固的連結，就像陰陽失去循環。

許多人使用的床類物品，是接收家人給予的，而非自己購買。在外租屋族也可能使用房東提供的床墊，而出門旅遊時我們使用飯店的床。所以，學習創造出像子宮般舒適的睡眠空間，是我們對於身體所需的覺察過程。遠古的人，跟著日出而作、日落而息，沒有像現代一樣那麼多的光害，加上當時的人類肌肉的狀態與現代人不同，身體在自然的黑夜中可以席地而睡。如何找出適合自己的狀態、來進行睡眠這件事，也是界限的學習。我們用以下的順序來檢視、調整睡眠的環境。

第一步：確認床的狀態

你現在所使用的床，是怎樣的材質呢？

- 一般常見的彈簧床、乳膠床
- 睡在榻榻米上（通常還是會鋪上薄床墊）
- 一物兩用的沙發床、雙層床
- 健康需求的電動床、律動床、特殊材質製成的機能床、水床
- 其他還有可移動式的充氣床、行軍床、吊床

一個良好的睡眠，床通常是固定不動的，並在翻身的時候可以支撐身體。如果在上面移動身體就會晃動，建議在床上增加毯子來維持穩定度或補強床架。有時候不是全平面的床底（排骨架），也會影響躺在床上的穩定感與軟硬程度。

第二步：確認床與身體的貼合程度

當全身「正躺」與「側躺」在床上時，懸空的部位可以被支撐，而陷入部位被包覆。

- 太硬的床沒有辦法分散壓力，通常會導致腰部懸空。可用毛巾或毯子，在懸空的部位墊高，以支撐著身體的弧線。或將膝蓋窩墊高也可以讓腰部平躺在床上。
- 太軟的床會讓身體臀部下沉，造成不適合的曲度影響脊椎。可鋪上有硬度的墊子[14]以增加支撐力。

14 像是竹蓆與棉花製作的和式床墊。

若睡起來身體痠痛、麻脹，在床上不易翻身、不方便坐起來……代表這張床不適合你。對於成長期的孩童、孕婦、年長者，床的軟硬度有直接性的健康隱憂。建議選擇「偏硬」的床來支撐身體，再來調整軟的舒適度。

如果你發現睡了好幾年的床，讓你產生不明原因的腰痠背痛，或是明顯感覺到身體無法被支撐、有塌陷狀況，都表示物品需要更新。床是人類使用最長時間的物品之一，購買優良品質的床是對健康的投資。有時候，會發現在旅遊當中遇到的床反而比較好睡，通常來自於心理狀態不同而產生的結果。購買床時，一定要自己挑選、試躺，別人認為的舒適不一定是我們真的需要的。

第三步：使用枕頭來支撐身體各部位

不論正躺或側躺、趴睡、坐著睡都需要讓脊椎維持在一條線上，就像是身體直立站著的標準狀態。所以枕頭需要填滿身體與床之間的空隙，或用於維持骨骼平衡。

•當全身「正躺」時，枕頭需要支撐著頭、頸部，感覺碰到肩膀上方為佳，下巴維持正常放鬆狀態。若下巴抬起表示枕頭太低，而下壓讓頸部出現皺摺則表示太高。

•當「側躺」時，讓枕頭的左右兩邊高於中間，翻身時頭可以被支撐，脖子與肩膀之間沒有被壓迫，膝蓋併攏或夾著枕頭來維持身體的曲度，靠近上方的手臂下可再夾枕頭來平衡。若在懷孕期，建議選擇包覆身體狀態的側睡孕婦枕，以便在翻身時全身可以得到支撐。

另外，若容易睡到變成「趴睡」或不自覺的在睡眠中舉高雙手，有可能是背部、頸椎出現問題。建議需做醫療檢測後再來調整床類物品，也不要讓嬰兒有趴睡的行為。若想趴在桌面上短暫休息時，可墊高枕頭製作趴睡枕，讓頸椎不至於呈現不正常曲度。

建議選擇柔軟且有支撐力的枕頭為佳，容易塌陷的枕頭，會因使用時間越久就越容易失去作用。一個適合自己的枕頭，是你正躺、側躺在上面，都可以正常的呼吸。你可以躺下之後，在正面做三次深呼吸來確認，這個枕頭現在適不適合你？側躺後，確認枕頭的高度以及夾在膝蓋、上方手臂枕頭的穩定度。然後，在左右邊都試著做三個深呼吸。

你說：「市面上枕頭的材質好多，要怎麼挑選才好？」

我說：「不可能有一種商品完全的適合自己。用身體去挑選，然後用智慧去改善。」

可以使用毛巾或不再穿的棉質衣物、圍巾來墊在枕頭的下方，增加支撐力及微調高度。而在乘坐交通工具坐著睡時，使用頸枕來作為支撐，以維持脖子不會因為睡著、移動而扭傷。目前也有許多複合功能的枕頭[15]可供選擇，但請記得床與枕最重要的就是拿來睡眠、支撐身體，其他的輔助為其次。

第四步：確認身上蓋著的[16]、身上穿著的

灰姑娘說：「睡美人身上的這條被子，感覺歷史悠久了。我來幫他換一條，可能比較好睡。」

愚人說：「這條是他的安全感，不可以動。」

每個人心中都有一條小毛毯，或是一條陳年的小被被。因為睡眠是一個神聖的安全之地，床類物品會不斷的記錄與播放我們在上面所發生的事以及看不見的夢境。而棉被是人類集體意識中代表「最初與最後」的物品，是出生時第一個使用的物品，而也是死亡時最後一個用到的物品。就像是一條無形的莫比烏斯環[17]一樣，串連起了上天給的「命」、人類創造的「運」，還有被「看」見的故事。

我們身上蓋的被子，最重要在於保暖，讓命火可以在睡眠時不斷的循環。即便是炎熱的天氣，至少也要蓋著肚子。棉被的重量需控制在翻身時不覺得受到「阻礙」為基準，在選擇小孩的防踢被時，也須觀察是否會讓孩子的身體感受到壓力。我們可以選用不同材質的被子、毯子甚至是睡袋來維持身體的溫度。並依據每次覺察到的經驗來疊加蓋上，儘管是同樣的溫度，每個人、每一次的舒適感也不一樣，需要不斷的測試與反思，也因此更理解自己的身體，還有孩子與被照顧者的狀態。

15 在身體需要時，可搭配藥枕、鹽枕來替換使用。
16 在此章節描述時會依據語意而使用「棉被」「被子」「毛毯」等字詞。
17 莫比烏斯環（Mobius Band）於一八五八年被發現。由一個表面構成的單側曲面，看起來像是無限符號8，也是在平面上不斷的循環之意。

灰姑娘說：「那我可以幫忙換睡美人身上的衣服嗎？我覺得她的衣服不好睡。」

愚人說：「換吧！換吧！換個符合自律神經系統[18]的衣服好了。」

【睡衣的選擇】讓副交感神經可以發揮作用！

- 選擇寬鬆舒適、材質柔軟的樣式：當衣服貼緊皮膚時，容易產生壓迫及影響生理時鐘。起床後，若身上可以看見衣物在皮膚上留下的痕跡，表示這件衣服過於緊繃。
- 能不要穿的，就不要穿：像是胸罩、內褲或其他束身效果的衣物。除非剛好在生理期，或有醫療需求（例如：手術後的壓力衣）。
- 「睡覺專用」的固定裝扮：需兼顧透氣、通風及保暖，建議選擇純棉質的衣物，減少靜電的產生。在睡眠時固定穿著，讓大腦、身體可以與物品產生連結。若選擇裸睡需注意保暖，並建議在床邊放一件可以輕鬆套上的保暖衣物。便於維持半夜如廁以及清晨起床時的身體溫度。
- 依據自己的狀況增添配件：像是穿襪子保暖助眠、使用圍脖或口罩減少咳嗽、戴上眼罩隔離光害、用耳塞降低聲音干擾等。

第五步：營造良好的睡眠空間

一、床的乾淨程度：

【在家】

- 為保持床墊乾淨，建議使用保潔墊（然後再包覆床單），並選擇有防水效果，隔絕小孩吐奶、尿床、生理期、汗水、口水及體液對床的污染。
- 床單、枕套、被單須定期清洗，通常睡起來不舒服、感冒過後、身上有搔癢、皮膚感染時、沾染到髒污時……就須立即提換，若是裸睡、很容易流汗或與寵物一起睡，建議一周換洗一次。當發生失眠、睡不好的狀況，建議起床後就替換清洗。
- 在枕頭套上墊一塊「枕頭巾」，並每日替換，盡可能不要頭髮沒吹乾就上床睡覺。

18 自律神經系統由控制戰鬥或逃跑反應的「交感神經」以及放鬆、緩和、消化的「副交感神經」，還有分布於腸胃消化部分的「腸神經」組合而成。

【外宿】

• 在過夜之前可以拍一拍枕頭、棉被、床墊再睡。

• 也可攜帶自己的床單、枕套、被單來替換（旅用睡袋），特別是容易認床才能睡的人。

建議搭配「紫外線燈」消毒或用「吹風機的熱風」吹床。用吹風機吹床可以讓被子保持溫度，也有些許殺菌效果。

另外，我也會使用鼠尾草、聖木、天然薰香來淨化那些看不見的。

二、不要放置跟睡眠無關的物品在四周：人在睡眠時，看不見的身體的感官會擴張，特別是在雙手張開的寬度內。

• 床上：僅放置睡眠會使用在身體上的物品。

• 床的下方：建議不要收納任何東西，因為床架底下放東西很容易藏灰塵。若空間真的不夠或是本來就有做收納櫃時，才會建議僅收納床單類。

• 床頭：僅放置睡眠前後所使用的物品，盡可能放置在床頭櫃的抽屜內，或使用盒子裝起。

三、減少電磁波：手機不要放在床邊、不要在睡眠時使用電熱毯保暖、床周圍也建議不要放電子用品（包含床靠牆的另外一邊）以及可能被「放射線（X光檢查機）」照過的金屬物品[19]。安全距離為至少「離床一個手臂長」，並在睡前將電子產品全部轉為飛航模式，或把室內的 Wi-Fi 關機。

四、維持適合自己的溫度、濕度，並使用蚊帳隔絕蚊蟲，以及盡可能的讓環境保持「黑暗」與「寧靜」。其實，每時每刻的自己適合的溫度與濕度都不太一樣，練習觀察自己的喜好也是一種愛自己的過程。若發現不舒適後盡可能馬上調整，而不是睡一晚之後再來抱怨。

你說：「我睡覺喜歡開小夜燈，不喜歡全黑。若是出門在外，我可能需要開大燈才睡

19 像是多次旅行托運、多次通過安檢機的金屬複合物，例如：旅行包、行李箱、輪椅、嬰兒車，以及包內攜帶的飾品、剪刀、吹風機等。這些物品殘留的輻射會對身體產生影響，特別是在睡眠時。

得著。」

我說：「睡覺無法關燈的原因，來自於那些未竟之事……累積過多、過久，就變成了恐懼。」

人類在睡眠時會產生褪黑激素（Melatonin），是維持身體健康的重要物質，只有在越黑暗的環境，才會正常的分泌。當我們在足夠黑暗的睡眠環境時，內在的光明就會開始發亮。然後，在睡眠時能量就會開始流動，讓自身的學習被消化與歸零。

以上步驟，是為了讓身體在歲月流轉中可以被支持，讓靈魂在睡眠時得以放鬆修護，而身體的重力也慢慢被消融。像是回到子宮中，回到那一切被孕育出來的子宮裡，閉上眼睛，我們就能夠與生命的源頭連結。

睡眠離婚

睡眠是本能，不需要被教導。隨著年紀越大，我們反而開始要學習如何才能好睡……

其實，會存活下來的人類後代，都有著「睡不好」的基因。在遠古時期，我們需要隨時覺察身邊的狀態，睡得太熟可能就會被野獸吃掉。所以容易被風吹草動驚醒，是一種存活的能力。而到了近代，我們已經把自己封閉在鋼筋水泥裡，創造了堅固的外牆，但我們的睡眠狀態依舊容易被外在的事物影響。你是自己一個人睡嗎？還是與家人、伴侶、小孩、朋友或寵物一起睡呢？

近年來有個新名詞叫做睡眠離婚，意指在睡覺時跟伴侶分床、分房睡，以便解決打呼、作息時間不同或是睡眠空間不夠的問題。其實，當我們閉上眼睛，就是在自己的世界裡了，與其強迫大家一定要睡在一起，不如讓各自有自己的空間。如果可以，盡可能在嬰兒時期就訓練「自主睡眠」，培養孩子可以獨立的在自己的房間裡睡覺。即便是手足住在同樣的房間裡，也要讓床有分隔。而常用來省空間的上下舖雙層床[20]，若在身體移動時會產生連動作用，就表示會互相影響到睡在上面的人。父母與小孩、兄弟姊妹、伴侶之間，都需要區隔各自的界線。而一起居住的貓狗也是相同，太多人因為寵愛動物，在一起睡覺

20 需選擇穩定度高的產品，並讓兩位使用者親身測試。也可補強床架或使用有硬度的墊子來維持平衡。

時，都讓自己忍受身體的不舒適，或是被貓狗聲音吵醒的情況。

你說：「當我的貓睡在我的腳中間時，我都不敢動……害我睡不好，身體也酸痛。」

我說：「所以貓變成了床的主人，而你就變成他們的僕人。」

愚人說：「人類真是奇怪的生物……貓是來告訴我們『如何表達自己』，而狗是來告訴我們『如何成為自己』。牠們用行為模式迫使人類面對，但許多人自願忍受不舒適，也不願意面對自己……？」

你說：「就算沒有動物在身旁，我偶爾也會失眠啊……」

我說：「所以失眠的你，在做些什麼？」

你說：「滑手機、看電視，等待睡意出現……」

我說：「每一個發生都是必然，也許失眠是來提醒你某些事情？」

許多人用力地改善失眠，卻錯把力量給了失眠。如果真的睡不著，就起來打掃吧！整理未收好的衣物或是替換床單，也可以清理地板，不然就做運動。若是在外面過夜時失眠，就起來整理帶出門的包包、清理穿出門的鞋子。會讓自己睡不著，就代表現在有事情需要清醒著看見，是那些之前被忽略的訊息。

有時候，白天我們躺在床上滑手機[21]、吃東西、做其他事情，造成了大腦與身體覺得還需要繼續工作。所以，盡量不要在床上做睡眠與性行為以外的事，如果你的居住空間不足，需要善用床上空間，那就用不同的物品來區分狀態。在床的上面鋪上「床蓋」，亦可使用大條的布、披肩或毛巾來取代。白天活動時，在床蓋的上面，穿上相對應活動的衣物。而夜晚要入睡時，把床蓋取開，換上睡覺專用的衣物。並在睡覺之前，對著自己做「歸零」的動作。讓潛意識知道，現在需要休息、現在開始可以放鬆。

人生整理之「清空歸零」的步驟

第一步：可選擇坐著或躺著，閉上眼睛。先做幾個深呼吸，伴隨著吸氣、吐氣，慢慢的將身體放鬆。

21 因為3C產品所散發出的藍光，會讓大腦亢奮。

第二步：保持眼睛閉著，揉搓雙手後。把雙手掌心各自放在雙眼上，不要用力壓、輕輕的放在上面就好。然後做三個深呼吸，用力的把空氣吸滿、再用力地吐出。如果需要，可以多做幾次，若手不夠熱了可以再搓揉後放上。

第三步：保持雙手放在雙眼上，慢慢的對著自己說：「**我清掃我的眼，我也清掃我的心**（重複三次）。」當你準備好之後，就可以把雙手放下、眼睛睜開，或者直接進入睡眠。

此清空步驟，不只是在睡前，在你想要讓內心趨於平靜時，都可以拿來使用。

你也可以使用禱告、靜心來作為歸零的方式。記得，當我們每次從睡眠中甦醒，不只是為了迎接新的一天，而是成為一個更新版本的自己。所以，睡前的歸零，可以幫助我們不用攜帶過去的沉重。

那些在夢裡的自己

人類一天的生活，從起床後開始。穿衣服、背包包、穿鞋子，開始白天的旅程……然後脫鞋子、放包包、換穿衣服再次回到床上，繼續夜晚的旅程。每天所使用的這四樣物品當中，只有「衣類物品」是可能當天就送去清洗的。其餘的物品，即便我們每天使用、但不會每天清理，所以「記憶副本（P.233）」就有可能糾纏在我們身上。

出現在床上，可能不得安眠，
殘留在鞋子裡，或許迷失方向，
沾附在包包上，多半增加生命的重量。

若自己與記憶副本的重疊過多，就造成生活裡的半夢半醒……這時就會發生「到底這個想法是來自於當下的我自己，還是過去的遺憾呢？」其實，所有物品的使用，都應該支持我們的「現在」。

鞋類、包類、床類物品使用後清潔，就會是運用覺察來調整自身狀態的過程。我們藉由每一次使用後的擦拭，拂去那些過多的、送走那些不再支持自己的，也讓物品上面只留下可以讓我們成長的經驗。能夠去蕪存菁，就是整理中可以獲得的智慧。

「清潔靜心」的步驟

可用於每日的回家清潔，抵達公司（放下物品後）開始工作、外出旅行過夜、以及短暫在外放下物品時。

第一步：脫下、放下、身體離開使用過的物品「之前」，先照鏡子。觀察自己的狀態與物品之間的關係。在蓄勢待發前，身體上下的物品都是打點好的，但經過勞碌奔波後，自己最累、物品被使用到凌亂時，更需要回頭確認自己與物品之間的連結。因為在「使用過後」的狀態最能覺察出自己是否真心喜歡，在最狼狽時，還能夠感受到心動，那就是你的命中注定，生命中的人事物也相同。

第二步：脫下、放下、身體離開使用過的物品「之後」，讓身體面對「物品的正面」。靜靜的、讓你的專注力放在「物品的全貌」上。如果需要，你可以拿起物品或移動你的身體來觀察物品的狀態。在此時，這個世界只有「你」跟你前面的「物品」，花一點時間觀察，並仔細留意，此時你的心裡面所有閃過的念頭。

第三步：用手或清潔的工具，擦拭、輕彈、整平物品上因你使用而起的波紋。若發現需要維修或不能在使用的狀況，要馬上進行選擇與處理。是否要繼續留下來用？安排何時修整物品？不是只閃過念頭，而是把這件事放入行事曆當中。

第四步：將此物品，依據當時的最佳狀態放置到「空間中的定位」，然後「謝謝物品，謝謝你自己」。

清潔靜心是一種向神禱告的過程，藉由行動、讓我們的過往歸零。當我們使用清潔靜心在代表自我價值的衣、鞋、床、包中，就是藉由內心的覺察與外在行為合一，我們因此得以清空那些在物品上留下的過去。

以下是鞋子、包包與床的「基本清潔」——

【鞋類物品】

將鞋子脫下之後倒扣輕拍，並用乾淨的布擦拭「鞋面」，若有明顯髒污可沾取清潔劑在局部揉搓（鞋內部也相同）。拿取小刷子（亦可以用舊牙刷）輕刷「鞋底」，將卡在鞋底凹槽的小東西取出。並用鼻子確認鞋子的味道，若有明顯的異味，可以噴灑消臭液。放置在陰涼的通風處，一段時間之後放回收納處（或旅行用的鞋盒）。而定期保養時，可為鞋子補上鞋油。

鞋類周邊的工具：

- 收納用——鞋拔、鞋撐、防潮紙、收納防塵袋、鞋盒
- 修繕用——替換用的鞋帶、鞋墊
- 修整用——擦拭布、小刷子、消臭液、鞋油

【包類物品】

將包包內部的物品全部拿出，拆下部件或裝飾。倒扣輕拍，將可能藏在皺摺處的粉塵清出。若是皮類、塑膠類等平滑面的包款，則用乾淨的布完整的擦拭包包的外圍。若是布類，則可用手輕拍（包內部也相同），噴灑些許酒精後陰乾。通常明顯髒污會出現在手把、背帶之處，可加清潔劑局部揉搓。如果有滾輪，需把輪子內的藏污納垢取出，並用濕布將輪子仔細擦過。最後，將拆解的組件掛回，就可放入收納處。定期保養時，為皮類、五金部件、滾輪補上保養油。收納時不要讓背帶、手把持續被拉緊（吊掛），將背帶收入

包內存放。以個別單獨收納為準，避免包中收納其他包而造成相互破壞結構。

包類周邊的工具：

- 收納用——防潮紙（乾燥劑）、收納防塵袋、包包用內撐
- 修繕用——替換用背帶、行李綁帶
- 修整用——擦拭布、酒精噴瓶、保養油、抹布

設立包內物品的轉換區

每一次清空包包時，可把包內拿出來的物品，放置在固定處以便下次使用，亦可把物品直接歸位。當我們用「生命場景」搭配「所處環境的氣候」選好衣服與鞋子，再來挑選需要帶入包內的物品，以及要背怎樣的包包。用每一次的狀況來選取包內物品以及搭配的包包款式，才能讓物品發揮最大的效益。

不要讓裝滿東西的包包直接收入櫥櫃內，會容易遺忘包包內的物品。反向來說，不再使用的包包會是很好的收納工具，並建議每一個人需要有屬於自己的救難背包，在人生整理課的接續內容中論述。

【床類物品】

拍一拍枕頭、棉被、床墊後，用刷子刷掉（可用黏貼式）表面上沾附的毛髮。枕頭放回原位，棉被攤平透氣，讓睡眠時所產生的濕氣散發後，再進行折疊。用手輕輕撫順床上的物品來作為收尾。需定期翻轉床墊，頭尾調換，以分散墊材的承受壓力。

床類周邊的工具：

- 收納用——收納床類物品專用的套子、真空壓縮袋
- 修繕用——針線
- 修整用——清除毛絮、灰塵的簡易清潔用品

這三類物品可在天氣清朗時，放置在有遮蔽處的戶外（不要讓陽光直射）通風。

我們使用「清潔靜心」來讓每個物品都能被使用者關注，當我們愛惜物品，他們就會為我們指引幸福、帶來好運。即便是出門在外，每次你進到一個空間時，使用清潔靜心讓你的衣服、鞋子與包包放入「空間中的定位」，他們就會像是船的錨，慢慢的在這個空間

內向下扎根。在你不知道的時候，物品為我們「錨定」了當下空間所需的能量、訊息與宇宙的資源。在這個看得見的世界裡，有看不見的世界為我們提供支持。

白天與黑夜，為我們組成了現在的世界。在這一陰一陽當中，每一件事情都是牽一髮而動全身。許多人偏好將物品丟棄，只留下自己的喜歡，但沒看見那些因物品而來的學習，以及因物品離開而消耗的能量。物品可以為我們創造虛幻的假象，但在假中也有真相，許多宇宙的奧祕、前人想要傳達的訊息，都隱藏在其中。

你說：「但我比較喜歡一次性的大整理，而不是每天每時的提醒自己。」

我說：「一次性的震撼就像是地震，可以為你的空間釋放能量。但每日的覺察，更像是白天升起的太陽交替晚上柔和的月亮，他們一直都在，所以更加重要。」

正確使用物品，它們就是「魔法」，協助人類通往真相。

若是濫用物品，它們就是「幻術」，讓人沉迷並把力量交出。

重點從來不是肉眼看到的表象，而是心中的自己。每一個起心動念，會帶領著生命走向相對應的未來。

chapter **4.**

生命的追蹤

Clean mind

為了找尋答案，人類發明了物品。他們不知道為什麼……那些「想法」、「畫面」就這樣地從天空掉了下來，跟隨著腦中的靈光閃爍，創造出了一個又一個的物質。只因跟尋著內在的光，而創造出更多的光。人類看著自己手上所散發出的震動，似懂非懂的像是想起了什麼，卻又很快地消失。因此，那些飄散在物品之間的訊息，成為了能夠開啟被遺忘故事的鑰匙。

這一趟「人生模擬之旅」，有許多細節看起來繁瑣，但在敘述的過程中，已經在建構腦中的系統。你可能以為只是在看物品的使用方式，事實上那些在表象背後的程式碼正在被淨化。如果你發現到目前為止，有想要跳著瀏覽、覺得麻煩，甚至是感受到勞累，那是因為內在的你正在翻山越嶺。想要解開物品細節裡的藏寶圖，唯有一步一步的將你自己腳邊的岩石搬開。

當我們可以從生命中所相遇的人事物裡面，解鎖那些——自己看不清、沒有真實理解的，才能明白我們跟隨的是「回家」的路，還是迷失了方向。當開始理解自身所攜帶的故事，就能夠放手讓家中「出不了門的旅人」可以真實地踏上自己的道路。

國王說：「我來自於你的內心，那個不願意相信自己的恐懼。」

灰姑娘說：「我是過去的你，是想要等待被拯救的自卑。」

愚人說：「我是未來的你，只有在玩笑之間才願意面對的真相。」

睡美人說：

「……（我沒有說話的空間，除非你願意回到自己的位置上。）……」

「……（你可以繼續跟我一樣的沉睡，直到真的需要長眠的那一天。）……」

「……（我知道你想醒來，而我也是。）……」

「……（真正的詛咒，其實來自於你逃離了真實的自己。）……」

第一節　給心留出空間

在生命當中，人因「關係」而有了生活。我們不可能只是理解自己、只過著自己的生活就好，從遠古至今的人類發展，群聚是生命與生命的交集。我們也從這些生命中的必然，重新看見自己。當我們能夠理解他人，也就可以從他人的人生裡看見更多不同的面相。在那些看不見的世界當中，我們的心彼此相連，而那些缺失的訊息，也在這些相遇當中被發現。

留出空間的，不只是看得見物質世界，還包含那些看不見的聲音、味道及感受，你看不見但你能夠感受它們就是存在。而留下空間的，也涵蓋了我們身邊的人事物。除了自己的東西以外，在生命中需要執行「保管代理權」的被照顧者們，也是需要回到自身的內在，與所有的關係者互相溝通之上一起協助整理。例如：無法進行自理、需要他人協助者，以及一同生活的寵物。

在執行被照顧者們的整理當中，「規劃」→「衣物的上架準備」→「區分物品（**P.273**）的環節裡，選擇用「顏色[1]」來作為最大的基準，因為顏色從遠方就可以容易看見。而「上架定位」部分多選擇「吊掛」，讓年長者減少身體壓力，讓年幼者可以學習自己把衣服歸位。

你說：「那要怎麼讓小孩子可以不要亂丟東西呢？要收拾隨手亂丟的衣服、鞋子、包包讓我覺得好累……」

我說：「當自己沒有建立與物品之間的良好關係時，我們容易隨意放置物品。而身邊的人，特別是孩子們，他們只是模仿與展現我們內在那些沒說出口的話。」

我們需要理解，物品當中藏著每一個人靈魂的投射，而每一次在使用物品時的心念，都是內在與外在的碰撞。每一次踮腳拿不到東西、每一次被強迫要使用這樣的東西，都在腦當中產生殘影，而後在接下來的人生當中，不斷的想要完成之前的未竟之事。所以，當

1 美國居家整理團隊「The Home Edit」是照著彩虹的顏色排列，作為物品系統化的方式。

我們決定開始整理時，就是重新的運用「自由意願」將物品回歸到與自己相對應的位置，決定要留下、送走或是修繕。

迎新送舊

我們對於物品會有執著，是因為我們就是那個創造萬物的存在體。而物品是靈魂的碎片，它們擁有生命，就像自然萬物一樣，有生、亦有滅。人類與使用物品的緣分，也如同四季的變化，從發芽的相遇、在生命中互相的茁壯，最後走入回歸大地。不適合的衣、鞋、床、包，會用各種方式讓自己感受……像是身體上的不舒適、沉重、提不起精神、莫名的噴嚏或搔癢。當收到物品給自己的提醒時，就可以檢視是否需要更新身上的物品。

物品更新

一、當物品上面的記憶副本累積過多，我們就讓自然的元素來協助淨化。用水清潔、讓風吹撫、或接收太陽的光。

二、當物品與「自己的當下」有使用上的誤差，我們就藉由人的努力來調整。自己修繕、修整，或是委託專業的改造。有時候，只是換了鈕釦可能就變成一件新衣服了。

三、讓物品去旅行，送走看得見的物品，連帶著送走看不見的故事。當我們決定送走一個物品，都在提醒著我們都在「七宗罪（P.116）」的循環當中。真誠的給出感謝，再將物品送離開。如果不了解物品上面的故事，被製造的緣由，說出為了減輕罪惡感的感謝，都只是表面功夫。

我們需要真心誠意的感謝製作這件物品所關聯到的生靈們，以及物品到目前為止給自己的支持，讓我們一起對著物品說……如果可以請看著物品並雙手合十：

〈感謝物品祈禱文〉

我感謝你一直以來的支持（緩慢、真心的重複三次），

我從你身上收回屬於我的生命故事，

接下來，我需要邁向更加滋養我的道路。

感謝你的陪伴，現在我要把你送去更適合你的地方。

盡自己所能，為離開的物品找到適合的去處。我們不是為了「不想整理」而丟東西，是明白生命中的陰晴圓缺，每一次的選擇都回到自己的真實。生命當中也是一樣，有多少的人事物，我們是用情緒、單方面以及幫自己圓謊而分離的未竟之事呢？我們做的每一件事，都是對自己而做。所以，**人生整理課是為留下來的人事物做「療癒」，也為送離開的人事物做「釋放」**。

你說：「那我們應該何時更新物品呢？」
我說：「每一個當下。就像樹葉飄落，它們並不是等待時間，而是隨著宇宙的流動。」

- 每次拿起來卻沒有使用的時候？
- 每次用完卻沒有放回原處的時候？
- 每次清潔完需要收回存放處的時候？

就像循環代謝，身體會時時的覺察與消化，哪些營養是我們需要或是不需要。而外在的改變也是整理的時間點，例如：季節轉換、購買新衣服時、換工作、搬家、生病痊癒後，甚至是失戀。也可以自行安排定期的「整理日」，有助於自己對於物品的更新。在這過程中的任何想法，都可以寫入自己的「著裝日記（P.270）」。我們是藉由物品在生命中的來去看見自己真實的樣貌。所以丟，並不存在，所有物品都是為了——讓我們看見某些重要的事情才出現在生活當中。也因此，你認為的丟東西，只存在殘影裡面。

我們用人生整理來面對每一個當下，讓每一個選擇，都回到對世界的貢獻。那些不覺察、逃避的丟棄，只是蓋上耳朵不聽自己的心，放任自己所產生出的吵雜破壞日與夜的寧靜。生命永遠會趨向能夠生存的地方，那些外表的打扮、只重視物品是整齊還是混亂，都只是想要存活所表現出來的現象。整理的方式從來沒有正確或錯誤，就像宇宙一樣，即便是當下覺得自己選擇失誤，但其實也是必然發生的學習。

我們需要做的，一直都是回到當下，看見自己的心。

在寧靜當中，讓執著、殘影消失，讓真實的心境為我們展現生命的方向。

永續未來提案

物品的更新，除了現在你擁有的之外，還有一些是你需要定期從外面帶回來替換的。我們用已經擁有的錢去購買（交換），讓世界走向永續。這也是內與外的交流，在物質世界裡面人事物連結的方式。當我們購買物品時，可以特別注意，我們如何用手上的錢去連結世界。當你要新增物品進入家中時，可參考以下的「永續未來提案」：

一、選擇實體店面購物，並試穿過後才購買：

現今網路購物盛行，但大部分的物品有尺寸、版型、舒適度、材質等因素，需要多方的考量，當你用身體的感受去接觸物品時，你能夠更真實的體會物品的溫度。因為疫情所需減少接觸而網購時，盡可能挑選標示資料詳細且清楚的商家。像是衣服尺寸外，還標出肩寬、袖長等更多資訊，減少照片與實體不符合的落差。

二、優先選擇在地物品：

即是「在地品牌」「在地製作」以及「在地材料製成」，就跟吃當地食物一樣，物品的材質與腳下的土地會產生共振，在當地製作所創造出的物品，與土地連結的頻率會協助使用者微調那些在生命中偏移的能量。

三、選擇安全、無毒的商品：

- 無化學殘留物，例如：重金屬、甲醛、殺蟲劑
- 加工樣式少
- 選擇染色較少或是運用天然染料製成的物品，特別是購入貼身及孩童的衣物時
- 容易過敏（皮膚、支氣管）的人，避免化學纖維以及毛料材質
- 非基因改造產品

四、選擇做工優良的物品：

質量好的物品，可以減少後續的維修，能夠使用的更久。

- 布料的織數是否密實？
- 鞋跟、足杯、鞋底是否穩固？
- 包包的承裝度、承重度是否耐用？

五、選擇適合自己的材質：

棉花、亞麻材質天然，但化學纖維耐用，有時還比羽絨保暖。牛仔布可以曬太陽來取代部分水洗，而免燙、防皺的衣物也可以減少電的消耗，可分解的環保鞋也不一定耐穿。我們需要考慮到自己的生活習慣、年紀、與能夠花多少心思在保養物品上來篩選。

以下要點可作為思考的方向——

- 在購買時看洗標，這樣物品是否需要特殊的保養、清洗，而自己是否可以達成？
- 確認物品的配件狀態，例如：拉鍊是否順滑？物品上面的裝飾是否容易掉落或生鏽？一般而言，物品細節與加工樣式越少的物品使用壽命越長。
- 是否容易修繕、修整？

六、優先選擇友善地球、和平取得的材料：

即便是天然的材質都有可能破壞自然原始樣貌，而純素也並不一定環保。目前有許多不同機構的規範，可自行找尋有公信效益的單位認證，以確保來源的製程當中符合永續的規範，在材質選擇上可特別注意以下要點——

- 有機棉花
- 植物有機皮革
- 取自永續森林
- 可持續發展棉花
- 可持續性皮革
- 環保回收材料
- 人道認證的動物皮革、羊毛、羽絨、蠶絲

每個機構認證都不一定是「保證」，但觀察什麼是友善的方向是自己的學習。

七、選擇尊重人權的商業行為：

你所購買的物品，是否是其他人拿生命安全去換來的？[2]

- 選擇「公平貿易」的商家，讓製造鏈上的人得到應有的回饋
- 不購買差別待遇的商家，例如：種族歧視、身材歧視、年齡歧視

2 參照二〇一五年美國紀錄片《時尚代價（The True Cost）》，並可於網路搜尋以下關鍵字 #whomademyclothes，可以看到許多網友響應關注物品製造者的行動。

- 拒絕抄襲、仿冒的物品

你說：「莫非我購買長得類似的物品，也是抄襲行為嗎？」

我說：「太多人容易變成抄襲的幫兇，是因為忘記了我們都是一體的。選擇很像的物品，是來自殘影中的恐懼，那些覺得自己得不到的過去。」

八、在製造過程中選擇友善環境的方式：

避免購買沒有嚴格安全法規所製成的商品，選擇公開、透明化的廠商。注意商家所提供的資訊，而非他們聲稱的標語。

- 承諾不排放有毒廢水、廢氣
- 選擇對環境衝擊最低的能源及物料的使用
- 使用乾淨電能，例如：風力、水力發電

真正的友善地球會考慮到「生命週期」，從物品來源、製造過程以及產出的廢料。不是用形象來衍生環保外皮的漂綠。真正走向永續的商業行為，是願意與消費者溝通，並誠實的定期公告自己商品的相關數據。

九、選擇有品牌保障，可以找到服務窗口的商家：

不管是跨國的企業或在獨立經營的店家。在購買之後可以聯繫、詢問以及提供售後服務、或願意回收使用過的舊商品。特別是許多材質包覆在內的床類物品。

十、優先選擇不過度包裝的商品：

目前已有無包裝、或包裝可以回收的商家。購買時也可以提出不拿盒子、袋子。

在人與人的交流當中，身為消費者，也有自己的責任。

- 監督購買的廠商，有些標榜有機可能是未認證，或是材料友善地球但使用破壞地球的化學染料，而強調可以分解的環保材質，結果是降解。
- 在購買的過程中重複了解自己的身體狀態，因為物品穿得下，不代表穿的好。感受肩膀的寬度、腿的長短，胸部是否恰當舒適，身形的圓或扁是否與物品合拍。

也可以考慮「訂做」，跟製造者有更多的交流，以及符合自身的需求。最重要的是，選擇「可以搭配現在已經有的」物品為購買方向，不論是付費租借或是購買二手商品都相同。除此之外，我們還可以多做些什麼？我們可以藉由購買，來爲物品製造過程中所被傷害的地球生靈做療癒，寬恕產生傷害的人，包含自己。在你購買物品時，盡可能的確認來源與狀態，並對自己與物品說：

若有任何生靈因為這個物品的製造而受到傷害，在此我給出我的愛。
我承諾我會用心珍惜這個物品，並且妥善照顧直到這個物品不能夠再支持我為止。
我也願意負起責任，盡我所能的將物品送至最適合的地方。

〈療癒物品祈禱文〉

讓這世界的一切，藉由我們的起心動念，產生不同的漣漪。

新購買的衣服，使用前記得「清水預洗」，去除上面的物質殘留物。若是二手衣物，拿回家時先放入「加鹽的清水中」浸泡後在清洗，去除物品上面的殘留能量。

整理，不代表不再購入新的物品，而是可以每時每刻覺察身邊物品對我們的意義。因為使用錢、使用物品都是一種創造這個世界不同面貌的方式。

你說：「那我們要購買什麼收納工具，比較適合保存這些物品呢？」

我說：「沒有一種收納工具完全的適合每一個人，而是要建立出自己的系統。」

每個人的生活模式不一樣，而家中的居住者組合也不同，考慮安全、耐用的收納工具來存放物品才是第一要件。

你說：「反正在外租房子，所以我都用不要的紙盒裝衣服。」

我說：「不論你在這個空間住多久，身邊的環境都是你對於家的投射。」

是你的「當下」在使用這個空間，而不是被過去所牽絆、或是擔憂未來。讓身邊的物品支持你，不用恐懼來使用身邊的物品。當你購買傢俱時，須考慮安全的傢俱設計，特別是讓孩童使用自己的櫥櫃時，避免購買容易致死傷害的抽屜櫃[3]。可以改用可移動的小推車，訓練孩童自主性的邀請父母一同協助著裝。

物品，是讓人類看見心的空間，還有學習心的空間。你的行為模式與使用的物品，都是一種靈魂藉由外在來展現內在的學習。因此，每一個當下、每一個心念都同樣重要。

我們與身上穿的衣服、路旁的樹、天上的星星沒有分別，那些分別我們的，只是失去光的誤解。我們真正要清理的，是不屬於當下的殘影。也因此，我們可以看見世界真實的樣貌，不被表象所蒙蔽，而是看入每一個人事物的初心。

第二節　神的氣息

神吹了一口氣，讓「愛」在物質世界活了過來。因為眾神們知道，那些誤以為是小螺絲釘的人們，其實是「光」的黏著劑，每一個人身上都帶著流動的色彩，來自於源頭，跟「神」別無兩樣。人類使用物品，就像神創造了人。跟自我價值有關的衣、鞋、床、包，與身體緊密的相連，它們支持了看得見的身體，與看不見的氣。衣服與鞋子隨著「生活狀態」而變化，床與包跟著「生命形態」而改變。

因為，整理的第一順位是「人生」，物品只是跟隨而上。選擇符合生命的本質，但不被侷限或執著之物，就是我們需要從整理中看見的。實際上，這個世界不存在善惡的二分法，只是對於生存的誤解，讓恐懼從愛分離出來。

3 參照二〇一九年美國影集紀錄片《消費市場：當心買（Broken）——致死的抽屜櫃（Deadly Dressers）》

每一次使用物品，都是「第一次」使用，
每一次感謝物品，都是回歸「第一次」的感謝。

讓自己時時刻刻清空、歸零回到最初。即便看著已經慢慢變舊的物品，都還是一樣的給出「第一次」的喜歡。衣、鞋、床、包四類物品為我們提供物質上的支持，因此人類得以從外在轉向內在，專注地去探尋心裡面的聲音。

物品的日課儀式

閉上眼睛，睜開眼睛。在這一開一閉的之間，世間幻化無數，你是否覺察過自己是左手先穿衣服還是右手？是右腳先穿鞋子還是左腳？你是否可以解讀身體的每一個部位，所感受到的冷熱，以及與外在觸碰的感覺？你是否發現到自己的指甲會刮破襪子？你是否能夠覺察自己是用腳的力量再往前，還是肩膀在用力？仔細想想，身體每一次的不舒適、以及物品上面出現的破損，似乎都在提醒我們，需要看清楚自己到底發生了什麼事？

當我們穿上舒適的衣服、鞋子與包包，心情會變得開朗，而合拍的物品，會讓自己感覺沒有阻隔，更容易感受到大地的能量、人與人之間的愛，而物品與人流動的氣，就像浸潤在巨大的暖流裡面，沒有分別。當無法靜下心來，試著替換身上的物品，藉此更新能量。我們需要回歸到衣、鞋、床、包最原本的使用，不是著迷於視覺上的比較，而是從內而外真實的讓自己變得很美。

盡可能不穿著會發出過多聲響的物品，保持衣物適合的長度、選擇舒適的鞋子，不會過重的包包。搭配生命場景著裝，讓物品成為你生命的戲服，為你說出那些不需要大聲嚷嚷的細緻。而收納物品的方式，就像四季一樣，每一天都有相似、但不相同的風景，讓物品可以輪流穿，也讓收納的系統可以維持，並有升級的空間。

睡美人說：「我不要再等待王子來喚醒我，我需要醒來去追求自己的幸福。」

我說：「那些沒有得到應有關注的物品，就像是沉睡的自己。我們錯把外在的認同當作生命的目的，我們需要的是成為自己的內在父母，看見自己擁有的陰陽特質，並面對內在的小孩，讓自己照顧自己。」

夢境中的催眠

報告！報告！「人生模擬之旅」即將到達尾聲，你準備好要醒來了嗎？你發現在藏寶圖裡面的祕密了嗎？身為旅程導遊的我，為您報告這趟旅程中被解鎖的故事。

解鎖衣、鞋、床、包的限制性信念——

每一樣東西，都是來幫助我解開生命故事的鎖。

我願意看見真相，並釋放囤積的殘影。

我是第一次穿上這件衣服（鞋子、包包），我願意歸零重新看待人生。

我能夠看見（聽見）這個世界上每一樣人事物——最美好的樣子。

讓這段旅程中解鎖的文字，成為你生命中的通關密語。用幫助自己成長的物品，來重塑自己真實的樣貌。你，是世界上獨一無二的自己。

帶著神祕邀約的信件，依據約定來到了指定的地點。在森林中的湖畔，走到岸邊，你忍不住用手觸碰了水面，看到水面上的紋路，好像想起了什麼……那個遙遠的記憶，從腦海中浮現了出來。

你說：「我來自於光，我也來自於火，而我也是從泥土裡面出現。」

我說：「那個捏出泥人的手，是誰？」

「是你自己……」**遠方不知道誰說了這一句話。**

當你用手觸碰物品，是讓愛跟自己連結，當你用手觸碰身體，是用愛包圍自己。

閉上眼睛，反而更加清醒。

整理是一種儀式，我們在看得見的物品裡，與看不見的思緒當中經歷春夏秋冬。

所有事物，為你而來。

你所在的地方，就是天堂。

後記

未完待續……

在二〇一五年的秋天，我寫下了這段話：「整理對我的有趣在於，不是只協助別人，同時不斷的從外在經驗反應出自己的內心，就像是一個無形的運動，排出不屬於自己的部分，但又創造出新的收穫。」而我自己在衣、鞋、床、包這四類物品上，在人生當中占據了「自我探尋」很大一個部分。在旅居日本時，我穿過一〇九辣妹裝、蘿莉塔、歌德以及龐克，同時在工作的時候穿著套裝與高跟鞋。之後到了美國，改穿運動、野外求生風格，而後開始追求無毒、養生、樸素的生活模式。

走過了這麼大一圈，更能明白，我就是我自己，而不是我身上穿的衣服。生命的構成，就是從「自我維持」走向「自我成長」，然後學習「自我認知」並試著「自我超越」。這樣的循環，讓生命得以生生不息。也因此發現了技巧是前人走過的路、告訴你他們的結論，而思考模式則會帶你走過旅程中的風景。

物品的整理與收納可以是一種美學，一種視覺上的療癒。不僅僅把物品歸類、排整齊、然後塞入現有的空間，而是像作畫一樣，每個人有自己獨特想要詮釋的美。所以，找到適合自己的方式很重要，如何維持又需容納進入生活的流動當中。

本書收錄了我的「人生整理課，第一堂——建構自我價值」的內容，當你從頭到尾看過一遍後，你的內在會開始重組，並前往不同的方向。在我們的意識之外，腦與身體早就開始重新校準，因為生命的本質就是——好命又好運。本書的內容可以協助自我整理，也可以輔助整理師業者提供案主篩選物品的方向，物質上的整理可以有幫手，但內心與生命的整理需要回到自己的意願。

你自己與物品的關係，是人生整理課當中最重要的主軸，我們將物品的儲存建立系統，就像神將萬物放上軌道一樣。每一次的整理，都會是獨一無二的過程，伴隨著靈魂與造物主之間的呢喃，而我們從每一個起心動念窺探那些看不見的訊息。

你說：「可是我要怎麼處理這些想要送走的物品，該送去哪裡比較好？」

我說：「每個當下都有不同的適合機構，而每個地區所需的物品流動也都不同。」

重要的是，每一次都回到內在聽聽自己的聲音。也許，你會聽到內在的指引……或是會剛好看見適合送去的單位，歡迎追蹤我的 Facebook 專頁，你可以看到更多即時的訊息。

文君・Miranton

https://www.facebook.com/wenchun.miranton

期待未來與你在再次相見，在人生整理課的接續內容中，還有更多等待著我們一起去探尋的故事。

最後，我是文君，謝謝你跟我一起走過這段路、分享共同的時間。

謝謝你，看了我寫的書。

附錄

相關參考資訊

◎宇宙漩渦流（P.49）請搜尋「DjSadhu」YouTube頻道，他是一位荷蘭的音樂製作人、視頻藝術家、同時進行開發及研究。推薦觀看以下兩支影片：

- The helical model - our solar system is a vortex（螺旋模型——我們的太陽系是漩渦流）
- The helical model - our Galaxy is a vortex（螺旋模型——我們的銀河系是漩渦流）

◎物品的七宗罪——罪狀一至六（p.117～P.126）參考資料：

數據資訊來自不同的公開環境報告書，以下列出常用資訊平台——BBC NEWS、國家地理（National Geographic）、時尚革命（Fashion Revolution）、綠色和平（Greenpeace）、文茜世界周報、三立消失的國界、TVBS新聞、華視新聞、VOGUE雜誌、GQ雜誌、遠見雜誌、天下雜誌、商業周刊、今週刊、聯合報、自由時報、蘋果日報、人間福報、YAHOO!新聞、中央通訊社、台灣環境資訊協會（TEIA）、關鍵評論網、CSR@天下、換日線 Crossing、上下游 News&Market 等。

在此感謝所有關心與報導環境資訊的單位。

◎探討衣物與外表，在人生中的意義：

1.《下妻物語（Kamikaze Girls）》，二〇〇四年日本電影。

2.《舊衣往事（Worn Stories）》，二〇二一年美國影集紀錄片。

◎整理知識：

1.《時尚斷捨離：雜誌沒有寫，專家不肯說！真正懂時尚的人都奉行的「買一件，丟一件」聖經！（服を買なら、捨てなさい）》地曳 Iku 子，二〇一五年日本書籍。

2.《收納人生（Get Organized With The Home Edit）》，二〇二〇年真人實境秀。

◎自我價值延伸閱讀：

1.《紙牌的祕密（The Solitaire Mystery）》喬斯坦．賈德，一九九〇年挪威小說。

2.《達摩祖師傳（Master Of Zen）》，一九九二年香港電影。

3.《來自星星的傻瓜（PK）》，二〇一四年印度電影。

VIEW 103

好命整理：從衣、鞋、床、包建構自我價值，活出每一個當下

作　者—廖文君
插圖繪製—陳可寺
主　編—謝翠鈺
封面設計—江孟達工作室
美術編輯—李宜芝、趙小芳

董事長—趙政岷
出版者—時報文化出版企業股份有限公司
108019 台北市和平西路三段二四〇號七樓
發行專線—（〇二）二三〇六六八四二
讀者服務專線—〇八〇〇二三一七〇五
（〇二）二三〇四七一〇三
讀者服務傳真—（〇二）二三〇四六八五八
郵撥—一九三四四七二四時報文化出版公司
信箱—一〇八九九　臺北華江橋郵局第九九信箱
時報悅讀網—http://www.readingtimes.com.tw
法律顧問—理律法律事務所　陳長文律師、李念祖律師
印　刷—勁達印刷有限公司
初版一刷—二〇二一年十月二十二日
初版二刷—二〇二四年七月二日
定　價—新台幣四〇〇元
（缺頁或破損的書，請寄回更換）

時報文化出版公司成立於一九七五年，
並於一九九九年股票上櫃公開發行，於二〇〇八年脫離中時集團非屬旺中，
以「尊重智慧與創意的文化事業」為信念。

好命整理：從衣、鞋、床、包建構自我價值，活出每一個當下 / 廖文君作 . -- 初版 . -- 臺北市 : 時報文化 , 2021.10
面 ;　公分 . -- (VIEW ; 103)

ISBN 978-957-13-8994-3 (平裝)
1. 靈修

192.1　　110007453

ISBN 978-957-13-8994-3
Printed in Taiwan